대한민국 법령 시리즈 104

형사소송법

법령

해광출판사

머리말

이 책은 방대한 법전을 보지 않고 간편하게 해당되는 법령만 참고해서 볼 수 있도록 하였습니다. 공공기관이나 관련 종사자들이 쉽고 간편하게 해당 법령을 참조 할 수 있도록 하였습니다.

법률이라는 것이 크든 작든 항상 변하는 관계로, 출간 이후의 정확하고 최신의 법률은 법제처 국가법령정보센터에서 확인이 가능하니 법률의 실제 적용 시 확인이 필요한 점 유의하기를 바랍니다.

편집부

* 수록 법률은 법제처 국가법령정보센터에서 확인 가능합니다.
* 발행일 기준 시행 법률이므로 최신 법령은 위 센터에서 볼 수 있습니다.
* 본 책자에 수록된 법률의 문구에 대하여 법적인 효력은 없으며,
  실제 적용 법률은 위 센터에서 최신의 법률로 확인하시기 바랍니다.
* 해당 법령과 함께 시행령, 시행규칙도 수록되어 있습니다.
* 발행일 기준으로 개정 예정 법률은 밑줄로 별도 표시되어 있으며,
  보다 정확한 것은 법제처에서 확인하기 바랍니다.

목차

형사소송법

[시행 2025. 9. 19.] [법률 제20796호, 2025. 3. 18., 일부개정]

**개정 예정 법률 밑줄 별도 표시.

형사소송법

[시행 2025. 9. 19.] [법률 제20796호, 2025. 3. 18., 일부개정]

제1편 총칙

제1장 법원의 관할

제1조(관할의 직권조사) 법원은 직권으로 관할을 조사하여야 한다.

제2조(관할위반과 소송행위의 효력) 소송행위는 관할위반인 경우에도 그 효력에 영향이 없다.

제3조(관할구역 외에서의 집무) ①법원은 사실발견을 위하여 필요하거나 긴급을 요하는 때에는 관할구역 외에서 직무를 행하거나 사실조사에 필요한 처분을 할 수 있다.

②전항의 규정은 수명법관에게 준용한다.

제4조(토지관할) ①토지관할은 범죄지, 피고인의 주소, 거소 또는 현재지로 한다.

②국외에 있는 대한민국 선박 내에서 범한 죄에 관하여는 전항에 규정한 곳 외에 선적지 또는 범죄 후의 선착지로 한다.

③전항의 규정은 국외에 있는 대한민국 항공기 내에서 범한 죄에 관하여 준용한다.

제5조(토지관할의 병합) 토지관할을 달리하는 수개의 사건이 관련된 때에는 1개의 사건에 관하여 관할권 있는 법원은 다른 사건까지 관할할 수 있다.

제6조(토지관할의 병합심리) 토지관할이 다른 여러 개의 관련사건이 각각 다른 법원에 계속된 때에는 공통되는 바로 위의 상급법원은 검사나 피고인의 신청에 의하여 결정(決定)으로 한 개 법원으로 하여금 병합심리하게 할 수 있다.

[전문개정 2020. 12. 8.]

제7조(토지관할의 심리분리) 토지관할을 달리하는 수개의 관련사건이 동일법원에 계속된 경우에 병합심리의 필요가 없는 때에는 법원은 결정으로 이를 분리하여 관할권 있는 다른 법원에 이송할 수 있다.

제8조(사건의 직권이송) ①법원은 피고인이 그 관할구역 내에 현재하지 아니하는 경우에 특별한 사정이 있으면 결정으로 사건을 피고인의 현재지를 관할하는 동급 법원에 이송할 수 있다.

②단독판사의 관할사건이 공소장변경에 의하여 합의부 관할사건으로 변경된 경우에 법원은 결정으로 관할권이 있는 법원에 이송한다. 〈신설 1995. 12. 29.〉

제9조(사물관할의 병합) 사물관할을 달리하는 수개의 사건이 관련된 때에는 법원합의부는 병합관할한다. 단, 결정으로 관할권 있는 법원 단독판사에게 이송할 수 있다.

제10조(사물관할의 병합심리) 사물관할을 달리하는 수개의 관련사건이 각각 법원합의부와 단독판사에 계속된 때에는 합의부는 결정으로 단독판사에 속한 사건을 병합하여 심리할 수 있다.

제11조(관련사건의 정의) 관련사건은 다음과 같다.

1. 1인이 범한 수죄
2. 수인이 공동으로 범한 죄
3. 수인이 동시에 동일장소에서 범한 죄
4. 범인은닉죄, 증거인멸죄, 위증죄, 허위감정통역죄 또는 장물에 관한 죄와 그 본범의 죄

제12조(동일사건과 수개의 소송계속) 동일사건이 사물관할을 달리하는 수개의 법원에 계속된 때에는 법원합의부가 심판한다.

제13조(관할의 경합) 같은 사건이 사물관할이 같은 여러 개의 법원에 계속된 때에는 먼저 공소를 받은 법원이 심판한다. 다만, 각 법원에 공통되는 바로 위의 상급법원은 검사나 피고인의 신청에 의하여 결정으로 뒤에 공소를 받은 법원으로 하여금 심판하게 할 수 있다.

[전문개정 2020. 12. 8.]

제14조(관할지정의 청구) 검사는 다음 각 호의 경우 관계있는 제1심법원에 공통되는 바로 위의 상급법원에 관할지정을 신청하여야 한다.

1. 법원의 관할이 명확하지 아니한 때

2. 관할위반을 선고한 재판이 확정된 사건에 관하여 다른 관할법원이 없는 때

[전문개정 2020. 12. 8.]

제15조(관할이전의 신청) 검사는 다음 경우에는 직근 상급법원에 관할이전을 신청하여야 한다. 피고인도 이 신청을 할 수 있다.

1. 관할법원이 법률상의 이유 또는 특별한 사정으로 재판권을 행할 수 없는 때

2. 범죄의 성질, 지방의 민심, 소송의 상황 기타 사정으로 재판의 공평을 유지하기 어려운 염려가 있는 때

제16조(관할의 지정 또는 이전 신청의 방식) ① 관할의 지정 또는 이전을 신청하려면 그 사유를 기재한 신청서를 바로 위의 상급법원에 제출하여야 한다.

② 공소를 제기한 후 관할의 지정 또는 이전을 신청할 때에는 즉시 공소를 접수한 법원에 통지하여야 한다.

[전문개정 2020. 12. 8.]

제16조의2(사건의 군사법원 이송) 법원은 공소가 제기된 사건에 대하여 군사법원이 재판권을 가지게 되었거나 재판권을 가졌음이 판명된 때에는 결정으로 사건을 재판권이 있는 같은 심급의 군사법원으로 이송한다. 이 경우에 이송전에 행한 소송행위는 이송후에도 그 효력에 영향이 없다. 〈개정 1987. 11. 28.〉

[본조신설 1973. 1. 25.]

제2장 법원직원의 제척, 기피, 회피

제17조(제척의 원인) 법관은 다음 경우에는 직무집행에서 제척된다. 〈개정 2005. 3. 31., 2020. 12. 8.〉

1. 법관이 피해자인 때
2. 법관이 피고인 또는 피해자의 친족 또는 친족관계가 있었던 자인 때
3. 법관이 피고인 또는 피해자의 법정대리인, 후견감독인인 때
4. 법관이 사건에 관하여 증인, 감정인, 피해자의 대리인으로 된 때
5. 법관이 사건에 관하여 피고인의 대리인, 변호인, 보조인으로 된 때
6. 법관이 사건에 관하여 검사 또는 사법경찰관의 직무를 행한 때
7. 법관이 사건에 관하여 전심재판 또는 그 기초되는 조사, 심리에 관여한 때
8. 법관이 사건에 관하여 피고인의 변호인이거나 피고인·피해자의 대리인인 법무법인, 법무법인(유한), 법무조합, 법률사무소, 「외국법자문사법」 제2조제9호에 따른 합작법무법인에서 퇴직한 날부터 2년이 지나지 아니한 때
9. 법관이 피고인인 법인·기관·단체에서 임원 또는 직원으로 퇴

직한 날부터 2년이 지나지 아니한 대

제18조(기피의 원인과 신청권자) ①검사 또는 피고인은 다음 경우에 법관의 기피를 신청할 수 있다.

1. 법관이 전조 각 호의 사유에 해당되는 때
2. 법관이 불공평한 재판을 할 염려가 있는 때

②변호인은 피고인의 명시한 의사에 반하지 아니하는 때에 한하여 법관에 대한 기피를 신청할 수 있다.

제19조(기피신청의 관할) ①합의법원의 법관에 대한 기피는 그 법관의 소속법원에 신청하고 수명법관, 수탁판사 또는 단독판사에 대한 기피는 당해 법관에게 신청하여야 한다.

②기피사유는 신청한 날로부터 3일 이내에 서면으로 소명하여야 한다.

제20조(기피신청기각과 처리) ①기피신청이 소송의 지연을 목적으로 함이 명백하거나 제19조의 규정에 위배된 때에는 신청을 받은 법원 또는 법관은 결정으로 이를 기각한다. 〈개정 1995. 12. 29.〉

②기피당한 법관은 전항의 경우를 제한 외에는 지체없이 기피신청에 대한 의견서를 제출하여야 한다.

③전항의 경우에 기피당한 법관이 기피의 신청을 이유있다고 인정하는 때에는 그 결정이 있은 것으로 간주한다.

제21조(기피신청에 대한 재판) ①기피신청에 대한 재판은 기피당한 법관의 소속법원합의부에서 결정으로 하여야 한다.

②기피당한 법관은 전항의 결정에 관여하지 못한다.

③기피당한 판사의 소속법원이 합의부를 구성하지 못하는 때에는 직근 상급법원이 결정하여야 한다.

제22조(기피신청과 소송의 정지) 기피신청이 있는 때에는 제20조제1항의 경우를 제한 외에는 소송진행을 정지하여야 한다. 단, 급속을

요하는 경우에는 예외로 한다.

제23조(기피신청기각과 즉시항고) ①기피신청을 기각한 결정에 대하여는 즉시항고를 할 수 있다.

②제20조제1항의 기각결정에 대한 즉시항고는 재판의 집행을 정지하는 효력이 없다. 〈신설 1995. 12. 29.〉

제24조(회피의 원인 등) ①법관이 제18조의 규정에 해당하는 사유가 있다고 사료한 때에는 회피하여야 한다.

②회피는 소속법원에 서면으로 신청하여야 한다.

③제21조의 규정은 회피에 준용한다.

제25조(법원사무관등에 대한 제척ㆍ기피ㆍ회피) ①본장의 규정은 제17조제7호의 규정을 제한 외에는 법원서기관ㆍ법원사무관ㆍ법원주사 또는 법원주사보(이하 “법원사무관등”이라 한다)와 통역인에 준용한다. 〈개정 2007. 6. 1.〉

②전항의 법원사무관등과 통역인에 대한 기피재판은 그 소속법원이 결정으로 하여야 한다. 단, 제20조제1항의 결정은 기피당한 자의 소속법관이 한다. 〈개정 2007. 6. 1.〉

[제목개정 2007. 6. 1.]

제3장 소송행위의 대리와 보조

제26조(의사무능력자와 소송행위의 대리) 「형법」 제9조 내지 제11조의 규정의 적용을 받지 아니하는 범죄사건에 관하여 피고인 또는 피의자가 의사능력이 없는 때에는 그 법정대리인이 소송행위를 대리한다. 〈개정 2007. 6. 1.〉

제27조(법인과 소송행위의 대표) ①피고인 또는 피의자가 법인인 때에는 그 대표자가 소송행위를 대표한다.

②수인이 공동하여 법인을 대표하는 경우에도 소송행위에 관하여

는 각자가 대표한다.

第28조(소송행위의 특별대리인) ①전2조의 규정에 의하여 피고인을 대리 또는 대표할 자가 없는 때에는 법원은 직권 또는 검사의 청구에 의하여 특별대리인을 선임하여야 하며 피의자를 대리 또는 대표할 자가 없는 때에는 법원은 검사 또는 이해관계인의 청구에 의하여 특별대리인을 선임하여야 한다.

②특별대리인은 피고인 또는 피의자를 대리 또는 대표하여 소송행위를 할 자가 있을 때까지 그 임무를 행한다.

第29조(보조인) ①피고인 또는 피의자의 법정대리인, 배우자, 직계친족과 형제자매는 보조인이 될 수 있다. 〈개정 2005. 3. 31.〉

② 보조인이 될 수 있는 자가 없거나 장애 등의 사유로 보조인으로서 역할을 할 수 없는 경우에는 피고인 또는 피의자와 신뢰관계 있는 자가 보조인이 될 수 있다. 〈신설 2015. 7. 31.〉

③보조인이 되고자 하는 자는 심급별로 그 취지를 신고하여야 한다. 〈개정 2007. 6. 1., 2015. 7. 31.〉

④보조인은 독립하여 피고인 또는 피의자의 명시한 의사에 반하지 아니하는 소송행위를 할 수 있다. 단, 법률에 다른 규정이 있는 때에는 예외로 한다. 〈개정 2015. 7. 31.〉

제4장 변호

第30조(변호인선임권자) ①피고인 또는 피의자는 변호인을 선임할 수 있다.

②피고인 또는 피의자의 법정대리인, 배우자, 직계친족과 형제자매는 독립하여 변호인을 선임할 수 있다. 〈개정 2005. 3. 31.〉

第31조(변호인의 자격과 특별변호인) 변호인은 변호사 중에서 선임하여야 한다. 단, 대법원 이외의 법원은 특별한 사정이 있으면 변호사 아닌 자를 변호인으로 선임함을 허가할 수 있다.

제32조(변호인선임의 효력) ①변호인의 선임은 심급마다 변호인과 연명날인한 서면으로 제출하여야 한다.

②공소제기 전의 변호인 선임은 제1심에도 그 효력이 있다.

제32조의2(대표변호인) ①수인의 변호인이 있는 때에는 재판장은 피고인·피의자 또는 변호인의 신청에 의하여 대표변호인을 지정할 수 있고 그 지정을 철회 또는 변경할 수 있다.

②제1항의 신청이 없는 때에는 재판장은 직권으로 대표변호인을 지정할 수 있고 그 지정을 철회 또는 변경할 수 있다.

③대표변호인은 3인을 초과할 수 없다.

④대표변호인에 대한 통지 또는 서류의 송달은 변호인 전원에 대하여 효력이 있다.

⑤제1항 내지 제4항의 규정은 피의자에게 수인의 변호인이 있는 때에 검사가 대표변호인을 지정하는 경우에 이를 준용한다.

[본조신설 1995. 12. 29.]

제33조(국선변호인) ①다음 각 호의 어느 하나에 해당하는 경우에 변호인이 없는 때에는 법원은 직권으로 변호인을 선정하여야 한다. 〈개정 2020. 12. 8.〉

1. 피고인이 구속된 때
2. 피고인이 미성년자인 때
3. 피고인이 70세 이상인 때
4. 피고인이 듣거나 말하는 데 모두 장애가 있는 사람인 때
5. 피고인이 심신장애가 있는 것으로 의심되는 때
6. 피고인이 사형, 무기 또는 단기 3년 이상의 징역이나 금고에 해당하는 사건으로 기소된 때

②법원은 피고인이 빈곤이나 그 밖의 사유로 변호인을 선임할 수

없는 경우에 피고인이 청구하면 변호인을 선정하여야 한다. 〈개정 2020. 12. 8.〉

③법원은 피고인의 나이·지능 및 교육 정도 등을 참작하여 권리보호를 위하여 필요하다고 인정하면 피고인의 명시적 의사에 반하지 아니하는 범위에서 변호인을 선정하여야 한다. 〈개정 2020. 12. 8.〉

[전문개정 2006. 7. 19.]

제34조(피고인·피의자와의 접견, 교통, 진료) 변호인이나 변호인이 되려는 자는 신체가 구속된 피고인 또는 피의자와 접견하고 서류나 물건을 수수(授受)할 수 있으며 의사로 하여금 피고인이나 피의자를 진료하게 할 수 있다.

[전문개정 2020. 12. 8.]

제35조(서류·증거물의 열람·복사) ①피고인과 변호인은 소송계속 중의 관계 서류 또는 증거물을 열람하거나 복사할 수 있다. 〈개정 2016. 5. 29.〉

②피고인의 법정대리인, 제28조에 따른 특별대리인, 제29조에 따른 보조인 또는 피고인의 배우자·직계친족·형제자매로서 피고인의 위임장 및 신분관계를 증명하는 문서를 제출한 자도 제1항과 같다.

③ 재판장은 피해자, 증인 등 사건관계인의 생명 또는 신체의 안전을 현저히 해칠 우려가 있는 경우에는 제1항 및 제2항에 따른 열람·복사에 앞서 사건관계인의 성명 등 개인정보가 공개되지 아니하도록 보호조치를 할 수 있다. 〈신설 2016. 5. 29.〉

④ 제3항에 따른 개인정보 보호조치의 방법과 절차, 그 밖에 필요한 사항은 대법원규칙으로 정한다. 〈신설 2016. 5. 29.〉

[전문개정 2007. 6. 1.]

[제목개정 2016. 5. 29.]

제36조(변호인의 독립소송행위권) 변호인은 독립하여 소송행위를 할

수 있다. 단, 법률에 다른 규정이 있는 때에는 예외로 한다.

제5장 재판

제37조(판결, 결정, 명령) ① 판결은 법률에 다른 규정이 없으면 구두변론(口頭辯論)을 거쳐서 하여야 한다.

② 결정이나 명령은 구두변론을 거치지 아니할 수 있다.

③ 결정이나 명령을 할 때 필요하면 사실을 조사할 수 있다.

④ 제3항의 조사는 부원(部員)에게 명할 수 있고 다른 지방법원의 판사에게 촉탁할 수 있다.

[전문개정 2020. 12. 8.]

제38조(재판서의 방식) 재판은 법관이 작성한 재판서에 의하여야 한다. 단, 결정 또는 명령을 고지하는 경우에는 재판서를 작성하지 아니하고 조서에만 기재하여 할 수 있다.

제39조(재판의 이유) 재판에는 이유를 명시하여야 한다. 단, 상소를 불허하는 결정 또는 명령은 예외로 한다.

제40조(재판서의 기재요건) ①재판서에는 법률에 다른 규정이 없으면 재판을 받는 자의 성명, 연령, 직업과 주거를 기재하여야 한다.

②재판을 받는 자가 법인인 때에는 그 명칭과 사무소를 기재하여야 한다.

③ 판결서에는 기소한 검사와 공판에 관여한 검사의 관직, 성명과 변호인의 성명을 기재하여야 한다. 〈개정 2011. 7. 18.〉

제41조(재판서의 서명 등) ①재판서에는 재판한 법관이 서명날인하여야 한다.

②재판장이 서명날인할 수 없는 때에는 다른 법관이 그 사유를 부기하고 서명날인하여야 하며 다른 법관이 서명날인할 수 없는 때에는 재판장이 그 사유를 부기하고 서명날인하여야 한다.

③판결서 기타 대법원규칙이 정하는 재판서를 제외한 재판서에 대하여는 제1항 및 제2항의 서명날인에 갈음하여 기명날인할 수 있다. 〈신설 1995. 12. 29.〉

제42조(재판의 선고, 고지의 방식) 재판의 선고 또는 고지는 공판정에서는 재판서에 의하여야 하고 기타의 경우에는 재판서등본의 송달 또는 다른 적당한 방법으로 하여야 한다. 단, 법률에 다른 규정이 있는 때에는 예외로 한다.

제43조(동전) 재판의 선고 또는 고지는 재판장이 한다. 판결을 선고함에는 주문을 낭독하고 이유의 요지를 설명하여야 한다.

제44조(검사의 집행지휘를 요하는 사건) 검사의 집행지휘를 요하는 재판은 재판서 또는 재판을 기재한 조서의 등본 또는 초본을 재판의 선고 또는 고지한 때로부터 10일 이내에 검사에게 송부하여야 한다. 단, 법률에 다른 규정이 있는 때에는 예외로 한다. 〈개정 1961. 9. 1.〉

제45조(재판서의 등본, 초본의 청구) 피고인 기타의 소송관계인은 비용을 납입하고 재판서 또는 재판을 기재한 조서의 등본 또는 초본의 교부를 청구할 수 있다.

제46조(재판서의 등, 초본의 작성) 재판서 또는 재판을 기재한 조서의 등본 또는 초본은 원본에 의하여 작성하여야 한다. 단, 부득이한 경우에는 등본에 의하여 작성할 수 있다.

제6장 서류

제47조(소송서류의 비공개) 소송에 관한 서류는 공판의 개정 전에는 공익상 필요 기타 상당한 이유가 없으면 공개하지 못한다.

제48조(조서의 작성 방법) ① 피고인, 피의자, 증인, 감정인, 통역인 또는 번역인을 신문(訊問)하는 때에는 신문에 참여한 법원사무관등이

조서를 작성하여야 한다.

② 조서에는 다음 각 호의 사항을 기재하여야 한다.

1. 피고인, 피의자, 증인, 감정인, 통역인 또는 번역인의 진술

2. 증인, 감정인, 통역인 또는 번역인이 선서를 하지 아니한 때에는 그 사유

③ 조서는 진술자에게 읽어 주거나 열람하게 하여 기재 내용이 정확한지를 물어야 한다.

④ 진술자가 조서에 대하여 추가, 삭제 또는 변경의 청구를 한 때에는 그 진술내용을 조서에 기재하여야 한다.

⑤ 신문에 참여한 검사, 피고인, 피의자 또는 변호인이 조서 기재 내용의 정확성에 대하여 이의(異議)를 진술한 때에는 그 진술의 요지를 조서에 기재하여야 한다.

⑥ 제5항의 경우 재판장이나 신문한 법관은 그 진술에 대한 의견을 기재하게 할 수 있다.

⑦ 조서에는 진술자로 하여금 간인(間印)한 후 서명날인하게 하여야 한다. 다만, 진술자가 서명날인을 거부한 때에는 그 사유를 기재하여야 한다.

[전문개정 2020. 12. 8.]

제49조(검증 등의 조서) ①검증, 압수 또는 수색에 관하여는 조서를 작성하여야 한다.

②검증조서에는 검증목적물의 현상을 명확하게 하기 위하여 도화나 사진을 첨부할 수 있다.

③압수조서에는 품종, 외형상의 특징과 수량을 기재하여야 한다.

제50조(각종 조서의 기재요건) 전2조의 조서에는 조사 또는 처분의 연월일시와 장소를 기재하고 그 조사 또는 처분을 행한 자와 참여한 법원사무관등이 기명날인 또는 서명하여야 한다. 단, 공판기일

외에 법원이 조사 또는 처분을 행한 때에는 재판장 또는 법관과 참여한 법원사무관등이 기명날인 또는 서명하여야 한다. 〈개정 2007. 6. 1.〉

제51조(공판조서의 기재요건) ①공판기일의 소송절차에 관하여는 참여한 법원사무관등이 공판조서를 작성하여야 한다. 〈개정 2007. 6. 1.〉

②공판조서에는 다음 사항 기타 모든 소송절차를 기재하여야 한다. 〈개정 2007. 6. 1.〉

1. 공판을 행한 일시와 법원
2. 법관, 검사, 법원사무관등의 관직, 성명
3. 피고인, 대리인, 대표자, 변호인, 보조인과 통역인의 성명
4. 피고인의 출석여부
5. 공개의 여부와 공개를 금한 때에는 그 이유
6. 공소사실의 진술 또는 그를 변경하는 서면의 낭독
7. 피고인에게 그 권리를 보호함에 필요한 진술의 기회를 준 사실과 그 진술한 사실
8. 제48조제2항에 기재한 사항
9. 증거조사를 한 때에는 증거될 서류, 증거물과 증거조사의 방법
10. 공판정에서 행한 검증 또는 압수
11. 변론의 요지
12. 재판장이 기재를 명한 사항 또는 소송관계인의 청구에 의하여 기재를 허가한 사항
13. 피고인 또는 변호인에게 최종 진술할 기회를 준 사실과 그 진술한 사실
14. 판결 기타의 재판을 선고 또는 고지한 사실

제52조(공판조서작성상의 특례) 공판조서 및 공판기일외의 증인신문

조서에는 제48조제3항 내지 제7항의 규정에 의하지 아니한다. 단, 진술자의 청구가 있는 때에는 그 진술에 관한 부분을 읽어주고 증감변경의 청구가 있는 때에는 그 진술을 기재하여야 한다. 〈개정 1995. 12. 29.〉

제53조(공판조서의 서명 등) ①공판조서에는 재판장과 참여한 법원사무관등이 기명날인 또는 서명하여야 한다. 〈개정 2007. 6. 1.〉

②재판장이 기명날인 또는 서명할 수 없는 때에는 다른 법관이 그 사유를 부기하고 기명날인 또는 서명하여야 하며 법관전원이 기명날인 또는 서명할 수 없는 때에는 참여한 법원사무관등이 그 사유를 부기하고 기명날인 또는 서명하여야 한다. 〈개정 2007. 6. 1.〉

③법원사무관등이 기명날인 또는 서명할 수 없는 때에는 재판장 또는 다른 법관이 그 사유를 부기하고 기명날인 또는 서명하여야 한다. 〈개정 2007. 6. 1.〉

제54조(공판조서의 정리 등) ①공판조서는 각 공판기일 후 신속히 정리하여야 한다. 〈개정 2007. 6. 1.〉

②다음 회의 공판기일에 있어서는 전회의 공판심리에 관한 주요사항의 요지를 조서에 의하여 고지하여야 한다. 다만, 다음 회의 공판기일까지 전회의 공판조서가 정리되지 아니한 때에는 조서에 의하지 아니하고 고지할 수 있다. 〈개정 2007. 6. 1.〉

③검사, 피고인 또는 변호인은 공판조서의 기재에 대하여 변경을 청구하거나 이의를 제기할 수 있다. 〈개정 2007. 6. 1.〉

④제3항에 따른 청구나 이의가 있는 때에는 그 취지와 이에 대한 재판장의 의견을 기재한 조서를 당해 공판조서에 첨부하여야 한다. 〈신설 2007. 6. 1.〉

제55조(피고인의 공판조서열람권등) ①피고인은 공판조서의 열람 또는 등사를 청구할 수 있다. 〈개정 1995. 12. 29.〉

②피고인이 공판조서를 읽지 못하는 때에는 공판조서의 낭독을 청구할 수 있다. 〈개정 1995. 12. 29.〉

③전2항의 청구에 응하지 아니한 때에는 그 공판조서를 유죄의 증거로 할 수 없다.

제56조(공판조서의 증명력) 공판기일의 소송절차로서 공판조서에 기재된 것은 그 조서만으로써 증명한다.

제56조의2(공판정에서의 속기·녹음 및 영상녹화) ①법원은 검사, 피고인 또는 변호인의 신청이 있는 때에는 특별한 사정이 없는 한 공판정에서의 심리의 전부 또는 일부를 속기사로 하여금 속기하게 하거나 녹음장치 또는 영상녹화장치를 사용하여 녹음 또는 영상녹화(녹음이 포함된 것을 말한다. 이하 같다)하여야 하며, 필요하다고 인정하는 때에는 직권으로 이를 명할 수 있다.

②법원은 속기록·녹음물 또는 영상녹화물을 공판조서와 별도로 보관하여야 한다.

③검사, 피고인 또는 변호인은 비용을 부담하고 제2항에 따른 속기록·녹음물 또는 영상녹화물의 사본을 청구할 수 있다.

[전문개정 2007. 6. 1.]

제57조(공무원의 서류) ①공무원이 작성하는 서류에는 법률에 다른 규정이 없는 때에는 작성 연월일과 소속공무소를 기재하고 기명날인 또는 서명하여야 한다. 〈개정 2007. 6. 1.〉

②서류에는 간인하거나 이에 준하는 조치를 하여야 한다. 〈개정 1995. 12. 29.〉

③ 삭제 〈2007. 6. 1.〉

제58조(공무원의 서류) ①공무원이 서류를 작성함에는 문자를 변개하지 못한다.

②삽입, 삭제 또는 난외기재를 할 때에는 이 기재한 곳에 날인하

고 그 자수를 기재하여야 한다. 단, 삭제한 부분은 해득할 수 있도록 자체를 존치하여야 한다.

제59조(비공무원의 서류) 공무원 아닌 자가 작성하는 서류에는 연월일을 기재하고 기명날인 또는 서명하여야 한다. 인장이 없으면 지장으로 한다. 〈개정 2017. 12. 12.〉

제59조의2(재판확정기록의 열람·등사) ①누구든지 권리구제·학술연구 또는 공익적 목적으로 재판이 확정된 사건의 소송기록을 보관하고 있는 검찰청에 그 소송기록의 열람 또는 등사를 신청할 수 있다.

②검사는 다음 각 호의 어느 하나에 해당하는 경우에는 소송기록의 전부 또는 일부의 열람 또는 등사를 제한할 수 있다. 다만, 소송관계인이나 이해관계 있는 제3자가 열람 또는 등사에 관하여 정당한 사유가 있다고 인정되는 경우에는 그러하지 아니하다.

1. 심리가 비공개로 진행된 경우

2. 소송기록의 공개로 인하여 국가의 안전보장, 선량한 풍속, 공공의 질서유지 또는 공공복리를 현저히 해할 우려가 있는 경우

3. 소송기록의 공개로 인하여 사건관계인의 명예나 사생활의 비밀 또는 생명·신체의 안전이나 생활의 평온을 현저히 해할 우려가 있는 경우

4. 소송기록의 공개로 인하여 공범관계에 있는 자 등의 증거인멸 또는 도주를 용이하게 하거나 관련 사건의 재판에 중대한 영향을 초래할 우려가 있는 경우

5. 소송기록의 공개로 인하여 피고인의 개선이나 갱생에 현저한 지장을 초래할 우려가 있는 경우

6. 소송기록의 공개로 인하여 사건관계인의 영업비밀(「부정경쟁방지 및 영업비밀보호에 관한 법률」 제2조제2호의 영업비밀을 말한다)

이 현저하게 침해될 우려가 있는 경우

7. 소송기록의 공개에 대하여 당해 소송관계인이 동의하지 아니하는 경우

③검사는 제2항에 따라 소송기록의 열람 또는 등사를 제한하는 경우에는 신청인에게 그 사유를 명시하여 통지하여야 한다.

④검사는 소송기록의 보존을 위하여 필요하다고 인정하는 경우에는 그 소송기록의 등본을 열람 또는 등사하게 할 수 있다. 다만, 원본의 열람 또는 등사가 필요한 경우에는 그러하지 아니하다.

⑤소송기록을 열람 또는 등사한 자는 열람 또는 등사에 의하여 알게 된 사항을 이용하여 공공의 질서 또는 선량한 풍속을 해하거나 피고인의 개선 및 갱생을 방해하거나 사건관계인의 명예 또는 생활의 평온을 해하는 행위를 하여서는 아니 된다.

⑥제1항에 따라 소송기록의 열람 또는 등사를 신청한 자는 열람 또는 등사에 관한 검사의 처분에 불복하는 경우에는 당해 기록을 보관하고 있는 검찰청에 대응한 법원에 그 처분의 취소 또는 변경을 신청할 수 있다.

⑦제418조 및 제419조는 제6항의 불복신청에 관하여 준용한다.

[본조신설 2007. 6. 1.]

제59조의3(확정 판결서등의 열람·복사) ① 누구든지 판결이 확정된 사건의 판결서 또는 그 등본, 증거목록 또는 그 등본, 그 밖에 검사나 피고인 또는 변호인이 법원에 제출한 서류·물건의 명칭·목록 또는 이에 해당하는 정보(이하 "판결서등"이라 한다)를 보관하는 법원에서 해당 판결서등을 열람 및 복사(인터넷, 그 밖의 전산정보처리시스템을 통한 전자적 방법을 포함한다. 이하 이 조에서 같다)할 수 있다. 다만, 다음 각 호의 어느 하나에 해당하는 경우에는 판결서등의 열람 및 복사를 제한할 수 있다.

1. 심리가 비공개로 진행된 경우

2. 「소년법」 제2조에 따른 소년에 관한 사건인 경우

3. 공범관계에 있는 자 등의 증거인멸 또는 도주를 용이하게 하거나 관련 사건의 재판에 중대한 영향을 초래할 우려가 있는 경우

4. 국가의 안전보장을 현저히 해할 우려가 명백하게 있는 경우

5. 제59조의2제2항제3호 또는 제6호의 사유가 있는 경우. 다만, 소송관계인의 신청이 있는 경우에 한정한다.

② 법원사무관등이나 그 밖의 법원공무원은 제1항에 따른 열람 및 복사에 앞서 판결서등에 기재된 성명 등 개인정보가 공개되지 아니하도록 대법원규칙으로 정하는 보호조치를 하여야 한다.

③ 제2항에 따른 개인정보 보호조치를 한 법원사무관등이나 그 밖의 법원공무원은 고의 또는 중대한 과실로 인한 것이 아니면 제1항에 따른 열람 및 복사와 관련하여 민사상·형사상 책임을 지지 아니한다.

④ 열람 및 복사에 관하여 정당한 사유가 있는 소송관계인이나 이해관계 있는 제3자는 제1항 단서에도 불구하고 제1항 본문에 따른 법원의 법원사무관등이나 그 밖의 법원공무원에게 판결서등의 열람 및 복사를 신청할 수 있다. 이 경우 법원사무관등이나 그 밖의 법원공무원의 열람 및 복사에 관한 처분에 불복하는 경우에는 제1항 본문에 따른 법원에 처분의 취소 또는 변경을 신청할 수 있다.

⑤ 제4항의 불복신청에 대하여는 제417조 및 제418조를 준용한다.

⑥ 판결서등의 열람 및 복사의 방법과 절차, 개인정보 보호조치의 방법과 절차, 그 밖에 필요한 사항은 대법원규칙으로 정한다.

[본조신설 2011. 7. 18.]

제7장 송달

제60조(송달받기 위한 신고) ①피고인, 대리인, 대표자, 변호인 또는 보조인이 법원 소재지에 서류의 송달을 받을 수 있는 주거 또는 사무소를 두지 아니한 때에는 법원 소재지에 주거 또는 사무소 있는 자를 송달영수인으로 선임하여 연명한 서면으로 신고하여야 한다.

②송달영수인은 송달에 관하여 본인으로 간주하고 그 주거 또는 사무소는 본인의 주거 또는 사무소로 간주한다.

③송달영수인의 선임은 같은 지역에 있는 각 심급법원에 대하여 효력이 있다.

④전3항의 규정은 신체구속을 당한 자에게 적용하지 아니한다.

제61조(우체에 부치는 송달) ①주거, 사무소 또는 송달영수인의 선임을 신고하여야 할 자가 그 신고를 하지 아니하는 때에는 법원사무관등은 서류를 우체에 부치거나 기타 적당한 방법에 의하여 송달할 수 있다. 〈개정 2007. 6. 1.〉

②서류를 우체에 부친 경우에는 도달된 때에 송달된 것으로 간주한다.

제62조(검사에 대한 송달) 검사에 대한 송달은 서류를 소속검찰청에 송부하여야 한다.

제63조(공시송달의 원인) ①피고인의 주거, 사무소와 현재지를 알 수 없는 때에는 공시송달을 할 수 있다.

②피고인이 재판권이 미치지 아니하는 장소에 있는 경우에 다른 방법으로 송달할 수 없는 때에도 전항과 같다.

제64조(공시송달의 방식) ①공시송달은 대법원규칙의 정하는 바에 의하여 법원이 명한 때에 한하여 할 수 있다.

②공시송달은 법원사무관등이 송달할 서류를 보관하고 그 사유를 법원게시장에 공시하여야 한다. 〈개정 1961. 9. 1., 2007. 6. 1.〉

③법원은 전항의 사유를 관보나 신문지상에 공고할 것을 명할 수

있다. 〈개정 1961. 9. 1.〉

④최초의 공시송달은 제2항의 공시를 한 날로부터 2주일을 경과하면 그 효력이 생긴다. 단, 제2회이후의 공시송달은 5일을 경과하면 그 효력이 생긴다. 〈개정 1961. 9. 1.〉

제65조(「민사소송법」의 준용) 서류의 송달에 관하여 법률에 다른 규정이 없는 때에는 「민사소송법」을 준용한다. 〈개정 2007. 6. 1.〉

[제목개정 2007. 6. 1.]

제8장 기간

제66조(기간의 계산) ① 기간의 계산에 관하여는 시(時)로 계산하는 것은 즉시(卽時)부터 기산하고 일(日), 월(月) 또는 연(年)으로 계산하는 것은 초일을 산입하지 아니한다. 다만, 시효(時效)와 구속기간의 초일은 시간을 계산하지 아니하고 1일로 산정한다.

② 연 또는 월로 정한 기간은 연 또는 월 단위로 계산한다.

③ 기간의 말일이 공휴일이거나 토요일이면 그날은 기간에 산입하지 아니한다. 다만, 시효와 구속기간에 관하여는 예외로 한다.

[전문개정 2020. 12. 8.]

제67조(법정기간의 연장) 법정기간은 소송행위를 할 자의 주거 또는 사무소의 소재지와 법원 또는 검찰청 소재지와의 거리 및 교통통신의 불편정도에 따라 대법원규칙으로 이를 연장할 수 있다.

[전문개정 1995. 12. 29.]

제9장 피고인의 소환, 구속

제68조(소환) 법원은 피고인을 소환할 수 있다.

제69조(구속의 정의) 본법에서 구속이라 함은 구인과 구금을 포함한다.

제70조(구속의 사유) ①법원은 피고인이 죄를 범하였다고 의심할 만한 상당한 이유가 있고 다음 각 호의 1에 해당하는 사유가 있는 경우에는 피고인을 구속할 수 있다. 〈개정 1995. 12. 29.〉

1. 피고인이 일정한 주거가 없는 때
2. 피고인이 증거를 인멸할 염려가 있는 때
3. 피고인이 도망하거나 도망할 염려가 있는 때

②법원은 제1항의 구속사유를 심사함에 있어서 범죄의 중대성, 재범의 위험성, 피해자 및 중요 참고인 등에 대한 위해우려 등을 고려하여야 한다. 〈신설 2007. 6. 1.〉

③다액 50만원이하의 벌금, 구류 또는 과료에 해당하는 사건에 관하여는 제1항제1호의 경우를 제한 외에는 구속할 수 없다. 〈개정 1973. 1. 25., 1995. 12. 29., 2007. 6. 1.〉

제71조(구인의 효력) 구인한 피고인을 법원에 인치한 경우에 구금할 필요가 없다고 인정한 때에는 그 인치한 때로부터 24시간 내에 석방하여야 한다.

제71조의2(구인 후의 유치) 법원은 인치받은 피고인을 유치할 필요가 있는 때에는 교도소·구치소 또는 경찰서 유치장에 유치할 수 있다. 이 경우 유치기간은 인치한 때부터 24시간을 초과할 수 없다.

[본조신설 2007. 6. 1.]

제72조(구속과 이유의 고지) 피고인에 대하여 범죄사실의 요지, 구속의 이유와 변호인을 선임할 수 있음을 말하고 변명할 기회를 준 후가 아니면 구속할 수 없다. 다만, 피고인이 도망한 경우에는 그러하지 아니하다. 〈개정 1987. 11. 28., 2007. 6. 1.〉

제72조의2(고지의 방법) ① 법원은 합의부원으로 하여금 제72조의 절차를 이행하게 할 수 있다. 〈개정 2021. 8. 17.〉

② 법원은 피고인이 출석하기 어려운 특별한 사정이 있고 상당하

다고 인정하는 때에는 검사와 변호인의 의견을 들어 비디오 등 중계장치에 의한 중계시설을 통하여 제72조의 절차를 진행할 수 있다. 〈신설 2021. 8. 17.〉

[본조신설 2014. 10. 15.]

[제목개정 2021. 8. 17.]

第73조(영장의 발부) 피고인을 소환함에는 소환장을, 구인 또는 구금함에는 구속영장을 발부하여야 한다.

第74조(소환장의 방식) 소환장에는 피고인의 성명, 주거, 죄명, 출석일시, 장소와 정당한 이유없이 출석하지 아니하는 때에는 도망할 염려가 있다고 인정하여 구속영장을 발부할 수 있음을 기재하고 재판장 또는 수명법관이 기명날인 또는 서명하여야 한다. 〈개정 1995. 12. 29., 2017. 12. 12.〉

第75조(구속영장의 방식) ①구속영장에는 피고인의 성명, 주거, 죄명, 공소사실의 요지, 인치 구금할 장소, 발부년월일, 그 유효기간과 그 기간을 경과하면 집행에 착수하지 못하며 영장을 반환하여야 할 취지를 기재하고 재판장 또는 수명법관이 서명날인하여야 한다.

②피고인의 성명이 분명하지 아니한 때에는 인상, 체격, 기타 피고인을 특정할 수 있는 사항으로 피고인을 표시할 수 있다.

③피고인의 주거가 분명하지 아니한 때에는 그 주거의 기재를 생략할 수 있다.

第76조(소환장의 송달) ①소환장은 송달하여야 한다.

②피고인이 기일에 출석한다는 서면을 제출하거나 출석한 피고인에 대하여 차회기일을 정하여 출석을 명한 때에는 소환장의 송달과 동일한 효력이 있다.

③전항의 출석을 명한 때에는 그 요지를 조서에 기재하여야 한다.

④구금된 피고인에 대하여는 교도관에게 통지하여 소환한다. 〈개

정 1963. 12. 13., 2007. 6. 1.〉

⑤피고인이 교도관으로부터 소환통지를 받은 때에는 소환장의 송달과 동일한 효력이 있다. 〈개정 1963. 12. 13., 2007. 6. 1.〉

제77조(구속의 촉탁) ①법원은 피고인의 현재지의 지방법원판사에게 피고인의 구속을 촉탁할 수 있다.

②수탁판사는 피고인이 관할구역 내에 현재하지 아니한 때에는 그 현재지의 지방법원판사에게 전촉할 수 있다.

③수탁판사는 구속영장을 발부하여야 한다.

④제75조의 규정은 전항의 구속영장에 준용한다.

제78조(촉탁에 의한 구속의 절차) ①전조의 경우에 촉탁에 의하여 구속영장을 발부한 판사는 피고인을 인치한 때로부터 24시간 이내에 그 피고인임에 틀림없는가를 조사하여야 한다.

②피고인임에 틀림없는 때에는 신속히 지정된 장소에 송치하여야 한다.

제79조(출석, 동행명령) 법원은 필요한 때에는 지정한 장소에 피고인의 출석 또는 동행을 명할 수 있다

제80조(요급처분) 재판장은 급속을 요하는 경우에는 제68조부터 제71조까지, 제71조의2, 제73조, 제76조, 제77조와 전조에 규정한 처분을 할 수 있고 또는 합의부원으로 하여금 처분을 하게 할 수 있다. 〈개정 2014. 10. 15.〉

제81조(구속영장의 집행) ①구속영장은 검사의 지휘에 의하여 사법경찰관리가 집행한다. 단, 급속을 요하는 경우에는 재판장, 수명법관 또는 수탁판사가 그 집행을 지휘할 수 있다.

②제1항 단서의 경우에는 법원사무관등에게 그 집행을 명할 수 있다. 이 경우에 법원사무관등은 그 집행에 관하여 필요한 때에는 사법경찰관리·교도관 또는 법원경위에게 보조를 요구할 수 있으며

관할구역 외에서도 집행할 수 있다. 〈개정 2007. 6. 1.〉

③교도소 또는 구치소에 있는 피고인에 대하여 발부된 구속영장은 검사의 지휘에 의하여 교도관이 집행한다. 〈개정 1963. 12. 13., 2007. 6. 1.〉

제82조(수통의 구속영장의 작성) ①구속영장은 수통을 작성하여 사법경찰관리 수인에게 교부할 수 있다.

②전항의 경우에는 그 사유를 구속영장에 기재하여야 한다.

제83조(관할구역 외에서의 구속영장의 집행과 그 촉탁) ①검사는 필요에 의하여 관할구역 외에서 구속영장의 집행을 지휘할 수 있고 또는 당해 관할구역의 검사에게 집행지휘를 촉탁할 수 있다.

②사법경찰관리는 필요에 의하여 관할구역 외에서 구속영장을 집행할 수 있고 또는 당해 관할구역의 사법경찰관리에게 집행을 촉탁할 수 있다.

제84조(고등검찰청검사장 또는 지방검찰청검사장에 대한 수사촉탁) 피고인의 현재지가 분명하지 아니한 때에는 재판장은 고등검찰청검사장 또는 지방검찰청검사장에게 그 수사와 구속영장의 집행을 촉탁할 수 있다. 〈개정 2004. 1. 20.〉

[제목개정 2004. 1. 20.]

제85조(구속영장집행의 절차) ①구속영장을 집행함에는 피고인에게 반드시 이를 제시하고 그 사본을 교부하여야 하며 신속히 지정된 법원 기타 장소에 인치하여야 한다. 〈개정 2022. 2. 3.〉

②제77조제3항의 구속영장에 관하여는 이를 발부한 판사에게 인치하여야 한다.

③구속영장을 소지하지 아니한 경우에 급속을 요하는 때에는 피고인에 대하여 공소사실의 요지와 영장이 발부되었음을 고하고 집행할 수 있다.

④전항의 집행을 완료한 후에는 신속히 구속영장을 제시하고 그 사본을 교부하여야 한다. 〈개정 2022. 2. 3.〉

제86조(호송 중의 가유치) 구속영장의 집행을 받은 피고인을 호송할 경우에 필요하면 가장 가까운 교도소 또는 구치소에 임시로 유치할 수 있다.

[전문개정 2020. 12. 8.]

제87조(구속의 통지) ①피고인을 구속한 때에는 변호인이 있는 경우에는 변호인에게, 변호인이 없는 경우에는 제30조제2항에 규정한 자 중 피고인이 지정한 자에게 피고사건명, 구속일시·장소, 범죄사실의 요지, 구속의 이유와 변호인을 선임할 수 있는 취지를 알려야 한다. 〈개정 1987. 11. 28., 1995. 12. 29.〉

②제1항의 통지는 지체없이 서면으로 하여야 한다. 〈개정 1987. 11. 28.〉

제88조(구속과 공소사실 등의 고지) 피고인을 구속한 때에는 즉시 공소사실의 요지와 변호인을 선임할 수 있음을 알려야 한다.

제89조(구속된 피고인의 접견·진료) 구속된 피고인은 관련 법률이 정한 범위에서 타인과 접견하고 서류나 물건을 수수하며 의사의 진료를 받을 수 있다.

[전문개정 2020. 12. 8.]

제90조(변호인의 의뢰) ①구속된 피고인은 법원, 교도소장 또는 구치소장 또는 그 대리자에게 변호사를 지정하여 변호인의 선임을 의뢰할 수 있다. 〈개정 1963. 12. 13.〉

②전항의 의뢰를 받은 법원, 교도소장 또는 구치소장 또는 그 대리자는 급속히 피고인이 지명한 변호사에게 그 취지를 통지하여야 한다. 〈개정 1963. 12. 13.〉

제91조(변호인 아닌 자와의 접견·교통) 법원은 도망하거나 범죄의

증거를 인멸할 염려가 있다고 인정할 만한 상당한 이유가 있는 때에는 직권 또는 검사의 청구에 의하여 결정으로 구속된 피고인과 제34조에 규정한 외의 타인과의 접견을 금지할 수 있고, 서류나 그 밖의 물건을 수수하지 못하게 하거나 검열 또는 압수할 수 있다. 다만, 의류·양식·의료품은 수수를 금지하거나 압수할 수 없다.

[전문개정 2020. 12. 8.]

제92조(구속기간과 갱신) ①구속기간은 2개월로 한다. 〈개정 2007. 6. 1.〉

②제1항에도 불구하고 특히 구속을 계속할 필요가 있는 경우에는 심급마다 2개월 단위로 2차에 한하여 결정으로 갱신할 수 있다. 다만, 상소심은 피고인 또는 변호인이 신청한 증거의 조사, 상소이유를 보충하는 서면의 제출 등으로 추가 심리가 필요한 부득이한 경우에는 3차에 한하여 갱신할 수 있다. 〈개정 2007. 6. 1.〉

③제22조, 제298조제4항, 제306조제1항 및 제2항의 규정에 의하여 공판절차가 정지된 기간 및 공소제기전의 체포·구인·구금 기간은 제1항 및 제2항의 기간에 산입하지 아니한다. 〈신설 1961. 9. 1., 1995. 12. 29., 2007. 6. 1.〉

제93조(구속의 취소) 구속의 사유가 없거나 소멸된 때에는 법원은 직권 또는 검사, 피고인, 변호인과 제30조제2항에 규정한 자의 청구에 의하여 결정으로 구속을 취소하여야 한다.

제94조(보석의 청구) 피고인, 피고인의 변호인·법정대리인·배우자·직계친족·형제자매·가족·동거인 또는 고용주는 법원에 구속된 피고인의 보석을 청구할 수 있다.

[전문개정 2007. 6. 1.]

제95조(필요적 보석) 보석의 청구가 있는 때에는 다음 이외의 경우에는 보석을 허가하여야 한다. 〈개정 1973. 12. 20., 1995. 12. 29.〉

1. 피고인이 사형, 무기 또는 장기 10년이 넘는 징역이나 금고에 해당하는 죄를 범한 때

2. 피고인이 누범에 해당하거나 상습범인 죄를 범한 때

3. 피고인이 죄증을 인멸하거나 인멸할 염려가 있다고 믿을 만한 충분한 이유가 있는 때

4. 피고인이 도망하거나 도망할 염려가 있다고 믿을 만한 충분한 이유가 있는 때

5. 피고인의 주거가 분명하지 아니한 때

6. 피고인이 피해자, 당해 사건의 재판에 필요한 사실을 알고 있다고 인정되는 자 또는 그 친족의 생명·신체나 재산에 해를 가하거나 가할 염려가 있다고 믿을만한 충분한 이유가 있는 때

[전문개정 1973. 1. 25.]

제96조(임의적 보석) 법원은 제95조의 규정에 불구하고 상당한 이유가 있는 때에는 직권 또는 제94조에 규정한 자의 청구에 의하여 결정으로 보석을 허가할 수 있다. 〈개정 1995. 12. 29.〉

제97조(보석, 구속의 취소와 검사의 의견) ①재판장은 보석에 관한 결정을 하기 전에 검사의 의견을 물어야 한다. 〈개정 2007. 6. 1.〉

②구속의 취소에 관한 결정을 함에 있어서도 검사의 청구에 의하거나 급속을 요하는 경우외에는 제1항과 같다. 〈개정 1995. 12. 29.〉

③검사는 제1항 및 제2항에 따른 의견요청에 대하여 지체 없이 의견을 표명하여야 한다. 〈신설 2007. 6. 1.〉

④구속을 취소하는 결정에 대하여는 검사는 즉시항고를 할 수 있다. 〈개정 1995. 12. 29., 2007. 6. 1.〉

[전문개정 1973. 1. 25.]

[93헌가2 1993. 12. 23.(1973. 1. 25. 法2450)]

제98조(보석의 조건) 법원은 보석을 허가하는 경우에는 필요하고 상당한 범위 안에서 다음 각 호의 조건 중 하나 이상의 조건을 정하여야 한다. 〈개정 2020. 12. 8.〉

1. 법원이 지정하는 일시·장소에 출석하고 증거를 인멸하지 아니하겠다는 서약서를 제출할 것

2. 법원이 정하는 보증금에 해당하는 금액을 납입할 것을 약속하는 약정서를 제출할 것

3. 법원이 지정하는 장소로 주거를 제한하고 주거를 변경할 필요가 있는 경우에는 법원의 허가를 받는 등 도주를 방지하기 위하여 행하는 조치를 받아들일 것

4. 피해자, 당해 사건의 재판에 필요한 사실을 알고 있다고 인정되는 사람 또는 그 친족의 생명·신체·재산에 해를 가하는 행위를 하지 아니하고 주거·직장 등 그 주변에 접근하지 아니할 것

5. 피고인 아닌 자가 작성한 출석보증서를 제출할 것

6. 법원의 허가 없이 외국으로 출국하지 아니할 것을 서약할 것

7. 법원이 지정하는 방법으로 피해자의 권리 회복에 필요한 금전을 공탁하거나 그에 상당하는 담보를 제공할 것

8. 피고인이나 법원이 지정하는 자가 보증금을 납입하거나 담보를 제공할 것

9. 그 밖에 피고인의 출석을 보증하기 위하여 법원이 정하는 적당한 조건을 이행할 것

[전문개정 2007. 6. 1.]

제99조(보석조건의 결정 시 고려사항) ①법원은 제98조의 조건을 정할 때 다음 각 호의 사항을 고려하여야 한다. 〈개정 2020. 12. 8.〉

1. 범죄의 성질 및 죄상(罪狀)

2. 증거의 증명력
3. 피고인의 전과(前科)·성격·환경 및 자산
4. 피해자에 대한 배상 등 범행 후의 정황에 관련된 사항
②법원은 피고인의 자금능력 또는 자산 정도로는 이행할 수 없는 조건을 정할 수 없다. 〈개정 2020. 12. 8.〉
[전문개정 2007. 6. 1.]

제100조(보석집행의 절차) ①제98조제1호·제2호·제5호·제7호 및 제8호의 조건은 이를 이행한 후가 아니면 보석허가결정을 집행하지 못하며, 법원은 필요하다고 인정하는 때에는 다른 조건에 관하여도 그 이행 이후 보석허가결정을 집행하도록 정할 수 있다. 〈개정 2007. 6. 1.〉
②법원은 보석청구자 이외의 자에게 보증금의 납입을 허가할 수 있다.
③법원은 유가증권 또는 피고인 외의 자가 제출한 보증서로써 보증금에 갈음함을 허가할 수 있다. 〈개정 2007. 6. 1.〉
④전항의 보증서에는 보증금액을 언제든지 납입할 것을 기재하여야 한다.
⑤법원은 보석허가결정에 따라 석방된 피고인이 보석조건을 준수하는데 필요한 범위 안에서 관공서나 그 밖의 공사단체에 대하여 적절한 조치를 취할 것을 요구할 수 있다. 〈신설 2007. 6. 1.〉
[제목개정 2007. 6. 1.]

제100조의2(출석보증인에 대한 과태료) ①법원은 제98조제5호의 조건을 정한 보석허가결정에 따라 석방된 피고인이 정당한 사유 없이 기일에 불출석하는 경우에는 결정으로 그 출석보증인에 대하여 500만원 이하의 과태료를 부과할 수 있다.
②제1항의 결정에 대하여는 즉시항고를 할 수 있다.

[본조신설 2007. 6. 1.]

제101조(구속의 집행정지) ①법원은 상당한 이유가 있는 때에는 결정으로 구속된 피고인을 친족·보호단체 기타 적당한 자에게 부탁하거나 피고인의 주거를 제한하여 구속의 집행을 정지할 수 있다.

②전항의 결정을 함에는 검사의 의견을 물어야 한다. 단, 급속을 요하는 경우에는 그러하지 아니하다.

③ 삭제 〈2015. 7. 31.〉

④헌법 제44조에 의하여 구속된 국회의원에 대한 석방요구가 있으면 당연히 구속영장의 집행이 정지된다. 〈개정 1980. 12. 18., 1987. 11. 28.〉

⑤전항의 석방요구의 통고를 받은 검찰총장은 즉시 석방을 지휘하고 그 사유를 수소법원에 통지하여야 한다.

[전문개정 1973. 1. 25.]

[2015. 7. 31. 법률 제13454호에 의하여 2012. 6. 27. 헌법재판소에서 위헌 결정된 이 조 제3항을 삭제함.]

제102조(보석조건의 변경과 취소 등) ①법원은 직권 또는 제94조에 규정된 자의 신청에 따라 결정으로 피고인의 보석조건을 변경하거나 일정기간 동안 당해 조건의 이행을 유예할 수 있다.

②법원은 피고인이 다음 각 호의 어느 하나에 해당하는 경우에는 직권 또는 검사의 청구에 따라 결정으로 보석 또는 구속의 집행정지를 취소할 수 있다. 다만, 제101조제4항에 따른 구속영장의 집행정지는 그 회기 중 취소하지 못한다.

1. 도망한 때

2. 도망하거나 죄증을 인멸할 염려가 있다고 믿을 만한 충분한 이유가 있는 때

3. 소환을 받고 정당한 사유 없이 출석하지 아니한 때

4. 피해자, 당해 사건의 재판에 필요한 사실을 알고 있다고 인정되는 자 또는 그 친족의 생명·신체·재산에 해를 가하거나 가할 염려가 있다고 믿을 만한 충분한 이유가 있는 때

5. 법원이 정한 조건을 위반한 때

③법원은 피고인이 정당한 사유 없이 보석조건을 위반한 경우에는 결정으로 피고인에 대하여 1천만원 이하의 과태료를 부과하거나 20일 이내의 감치에 처할 수 있다.

④제3항의 결정에 대하여는 즉시항고를 할 수 있다.

[전문개정 2007. 6. 1.]

제103조(보증금 등의 몰취) ①법원은 보석을 취소하는 때에는 직권 또는 검사의 청구에 따라 결정으로 보증금 또는 담보의 전부 또는 일부를 몰취할 수 있다.

②법원은 보증금의 납입 또는 담보제공을 조건으로 석방된 피고인이 동일한 범죄사실에 관하여 형의 선고를 받고 그 판결이 확정된 후 집행하기 위한 소환을 받고 정당한 사유 없이 출석하지 아니하거나 도망한 때에는 직권 또는 검사의 청구에 따라 결정으로 보증금 또는 담보의 전부 또는 일부를 몰취하여야 한다.

[전문개정 2007. 6. 1.]

제104조(보증금 등의 환부) 구속 또는 보석을 취소하거나 구속영장의 효력이 소멸된 때에는 몰취하지 아니한 보증금 또는 담보를 청구한 날로부터 7일 이내에 환부하여야 한다. 〈개정 2007. 6. 1.〉

[제목개정 2007. 6. 1.]

제104조의2(보석조건의 효력상실 등) ①구속영장의 효력이 소멸한 때에는 보석조건은 즉시 그 효력을 상실한다.

②보석이 취소된 경우에도 제1항과 같다. 다만, 제98조제8호의 조건은 예외로 한다.

[본조신설 2007. 6. 1.]

제105조(상소와 구속에 관한 결정) 상소기간 중 또는 상소 중의 사건에 관하여 구속기간의 갱신, 구속의 취소, 보석, 구속의 집행정지와 그 정지의 취소에 대한 결정은 소송기록이 원심법원에 있는 때에는 원심법원이 하여야 한다.

제10장 압수와 수색

제106조(압수) ①법원은 필요한 때에는 피고사건과 관계가 있다고 인정할 수 있는 것에 한정하여 증거물 또는 몰수할 것으로 사료하는 물건을 압수할 수 있다. 단, 법률에 다른 규정이 있는 때에는 예외로 한다. 〈개정 2011. 7. 18.〉

②법원은 압수할 물건을 지정하여 소유자, 소지자 또는 보관자에게 제출을 명할 수 있다.

③ 법원은 압수의 목적물이 컴퓨터용디스크, 그 밖에 이와 비슷한 정보저장매체(이하 이 항에서 "정보저장매체등"이라 한다)인 경우에는 기억된 정보의 범위를 정하여 출력하거나 복제하여 제출받아야 한다. 다만, 범위를 정하여 출력 또는 복제하는 방법이 불가능하거나 압수의 목적을 달성하기에 현저히 곤란하다고 인정되는 때에는 정보저장매체등을 압수할 수 있다. 〈신설 2011. 7. 18.〉

④ 법원은 제3항에 따라 정보를 제공받은 경우 「개인정보 보호법」 제2조제3호에 따른 정보주체에게 해당 사실을 지체 없이 알려야 한다. 〈신설 2011. 7. 18.〉

제107조(우체물의 압수) ① 법원은 필요한 때에는 피고사건과 관계가 있다고 인정할 수 있는 것에 한정하여 우체물 또는 「통신비밀보호법」 제2조제3호에 따른 전기통신(이하 "전기통신"이라 한다)에 관한 것으로서 체신관서, 그 밖의 관련 기관 등이 소지 또는 보관하는

물건의 제출을 명하거나 압수를 할 수 있다. 〈개정 2011. 7. 18.〉

② 삭제 〈2011. 7. 18.〉

③제1항에 따른 처분을 할 때에는 발신인이나 수신인에게 그 취지를 통지하여야 한다. 단, 심리에 방해될 염려가 있는 경우에는 예외로 한다. 〈개정 2011. 7. 18.〉

제108조(임의 제출물 등의 압수) 소유자, 소지자 또는 보관자가 임의로 제출한 물건 또는 유류한 물건은 영장없이 압수할 수 있다.

제109조(수색) ① 법원은 필요한 때에는 피고사건과 관계가 있다고 인정할 수 있는 것에 한정하여 피고인의 신체, 물건 또는 주거, 그 밖의 장소를 수색할 수 있다. 〈개정 2011. 7. 18.〉

②피고인 아닌 자의 신체, 물건, 주거 기타 장소에 관하여는 압수할 물건이 있음을 인정할 수 있는 경우에 한하여 수색할 수 있다.

제110조(군사상 비밀과 압수) ①군사상 비밀을 요하는 장소는 그 책임자의 승낙 없이는 압수 또는 수색할 수 없다.

②전항의 책임자는 국가의 중대한 이익을 해하는 경우를 제외하고는 승낙을 거부하지 못한다.

제111조(공무상 비밀과 압수) ①공무원 또는 공무원이었던 자가 소지 또는 보관하는 물건에 관하여는 본인 또는 그 당해 공무소가 직무상의 비밀에 관한 것임을 신고한 때에는 그 소속공무소 또는 당해 감독관공서의 승낙 없이는 압수하지 못한다.

②소속공무소 또는 당해 감독관공서는 국가의 중대한 이익을 해하는 경우를 제외하고는 승낙을 거부하지 못한다.

제112조(업무상비밀과 압수) 변호사, 변리사, 공증인, 공인회계사, 세무사, 대서업자, 의사, 한의사, 치과의사, 약사, 약종상, 조산사, 간호사, 종교의 직에 있는 자 또는 이러한 직에 있던 자가 그 업무상 위탁을 받아 소지 또는 보관하는 물건으로 타인의 비밀에 관한

것은 압수를 거부할 수 있다. 단, 그 타인의 승낙이 있거나 중대한 공익상 필요가 있는 때에는 예외로 한다. 〈개정 1980. 12. 18., 1997. 12. 13.〉

제113조(압수·수색영장) 공판정 외에서 압수 또는 수색을 함에는 영장을 발부하여 시행하여야 한다.

제114조(영장의 방식) ①압수·수색영장에는 다음 각 호의 사항을 기재하고 재판장이나 수명법관이 서명날인하여야 한다. 다만, 압수·수색할 물건이 전기통신에 관한 것인 경우에는 작성기간을 기재하여야 한다. 〈개정 2011. 7. 18., 2020. 12. 8.〉

1. 피고인의 성명
2. 죄명
3. 압수할 물건
4. 수색할 장소·신체·물건
5. 영장 발부 연월일
6. 영장의 유효기간과 그 기간이 지나면 집행에 착수할 수 없으며 영장을 반환하여야 한다는 취지
7. 그 밖에 대법원규칙으로 정하는 사항

② 제1항의 영장에 관하여는 제75조제2항을 준용한다. 〈개정 2020. 12. 8.〉

[제목개정 2020. 12. 8.]

제115조(영장의 집행) ①압수·수색영장은 검사의 지휘에 의하여 사법경찰관리가 집행한다. 단, 필요한 경우에는 재판장은 법원사무관등에게 그 집행을 명할 수 있다. 〈개정 2007. 6. 1.〉

②제83조의 규정은 압수·수색영장의 집행에 준용한다.

제116조(주의사항) 압수·수색영장을 집행할 때에는 타인의 비밀을 보호하여야 하며 처분받은 자의 명예를 해하지 아니하도록 주의하여

야 한다.

[전문개정 2020. 12. 8.]

제117조(집행의 보조) 법원사무관등은 압수·수색영장의 집행에 관하여 필요한 때에는 사법경찰관리에게 보조를 구할 수 있다. 〈개정 2007. 6. 1.〉

제118조(영장의 제시와 사본교부) 압수·수색영장은 처분을 받는 자에게 반드시 제시하여야 하고, 처분을 받는 자가 피고인인 경우에는 그 사본을 교부하여야 한다. 다만, 처분을 받는 자가 현장에 없는 등 영장의 제시나 그 사본의 교부가 현실적으로 불가능한 경우 또는 처분을 받는 자가 영장의 제시나 사본의 교부를 거부한 때에는 예외로 한다. 〈개정 2022. 2. 3.〉

[제목개정 2022. 2. 3.]

제119조(집행 중의 출입금지) ①압수·수색영장의 집행 중에는 타인의 출입을 금지할 수 있다.

②전항의 규정에 위배한 자에게는 퇴거하게 하거나 집행종료시까지 간수자를 붙일 수 있다.

제120조(집행과 필요한 처분) ①압수·수색영장의 집행에 있어서는 건정을 열거나 개봉 기타 필요한 처분을 할 수 있다.

②전항의 처분은 압수물에 대하여도 할 수 있다.

제121조(영장집행과 당사자의 참여) 검사, 피고인 또는 변호인은 압수·수색영장의 집행에 참여할 수 있다.

제122조(영장집행과 참여권자에의 통지) 압수·수색영장을 집행함에는 미리 집행의 일시와 장소를 전조에 규정한 자에게 통지하여야 한다. 단, 전조에 규정한 자가 참여하지 아니한다는 의사를 명시한 때 또는 급속을 요하는 때에는 예외로 한다.

제123조(영장의 집행과 책임자의 참여) ① 공무소, 군사용 항공기

또는 선박·차량 안에서 압수·수색영장을 집행하려면 그 책임자에게 참여할 것을 통지하여야 한다.

② 제1항에 규정한 장소 외에 타인의 주거, 간수자 있는 가옥, 건조물(建造物), 항공기 또는 선박·차량 안에서 압수·수색영장을 집행할 때에는 주거주(住居主), 간수자 또는 이에 준하는 사람을 참여하게 하여야 한다.

③ 제2항의 사람을 참여하게 하지 못할 때에는 이웃 사람 또는 지방공공단체의 직원을 참여하게 하여야 한다.

[전문개정 2020. 12. 8.]

제124조(여자의 수색과 참여) 여자의 신체에 대하여 수색할 때에는 성년의 여자를 참여하게 하여야 한다.

제125조(야간집행의 제한) 일출 전, 일몰 후에는 압수·수색영장에 야간집행을 할 수 있는 기재가 없으면 그 영장을 집행하기 위하여 타인의 주거, 간수자 있는 가옥, 건조물, 항공기 또는 선차 내에 들어가지 못한다.

제126조(야간집행제한의 예외) 다음 장소에서 압수·수색영장을 집행함에는 전조의 제한을 받지 아니한다.

1. 도박 기타 풍속을 해하는 행위에 상용된다고 인정하는 장소

2. 여관, 음식점 기타 야간에 공중이 출입할 수 있는 장소. 단, 공개한 시간 내에 한한다.

제127조(집행중지와 필요한 처분) 압수·수색영장의 집행을 중지한 경우에 필요한 때에는 집행이 종료될 때까지 그 장소를 폐쇄하거나 간수자를 둘 수 있다.

제128조(증명서의 교부) 수색한 경우에 증거물 또는 몰취할 물건이 없는 때에는 그 취지의 증명서를 교부하여야 한다.

제129조(압수목록의 교부) 압수한 경우에는 목록을 작성하여 소유

자, 소지자, 보관자 기타 이에 준할 자에게 교부하여야 한다.

제130조(압수물의 보관과 폐기) ①운반 또는 보관에 불편한 압수물에 관하여는 간수자를 두거나 소유자 또는 적당한 자의 승낙을 얻어 보관하게 할 수 있다.

②위험발생의 염려가 있는 압수물은 폐기할 수 있다.

③법령상 생산·제조·소지·소유 또는 유통이 금지된 압수물로서 부패의 염려가 있거나 보관하기 어려운 압수물은 소유자 등 권한 있는 자의 동의를 받아 폐기할 수 있다. 〈신설 2007. 6. 1.〉

제131조(주의사항) 압수물에 대하여는 그 상실 또는 파손등의 방지를 위하여 상당한 조치를 하여야 한다.

제132조(압수물의 대가보관) ①몰수하여야 할 압수물로서 멸실·파손·부패 또는 현저한 가치 감소의 염려가 있거나 보관하기 어려운 압수물은 매각하여 대가를 보관할 수 있다.

②환부하여야 할 압수물 중 환부를 받을 자가 누구인지 알 수 없거나 그 소재가 불명한 경우로서 그 압수물의 멸실·파손·부패 또는 현저한 가치 감소의 염려가 있거나 보관하기 어려운 압수물은 매각하여 대가를 보관할 수 있다.

[전문개정 2007. 6. 1.]

제133조(압수물의 환부, 가환부) ①압수를 계속할 필요가 없다고 인정되는 압수물은 피고사건 종결 전이라도 결정으로 환부하여야 하고 증거에 공할 압수물은 소유자, 소지자, 보관자 또는 제출인의 청구에 의하여 가환부할 수 있다.

②증거에만 공할 목적으로 압수한 물건으로서 그 소유자 또는 소지자가 계속 사용하여야 할 물건은 사진촬영 기타 원형보존의 조치를 취하고 신속히 가환부하여야 한다.

제134조(압수장물의 피해자환부) 압수한 장물은 피해자에게 환부할

이유가 명백한 때에는 피고사건의 종결 전이라도 결정으로 피해자에게 환부할 수 있다.

제135조(압수물처분과 당사자에의 통지) 전3조의 결정을 함에는 검사, 피해자, 피고인 또는 변호인에게 미리 통지하여야 한다.

제136조(수명법관, 수탁판사) ①법원은 압수 또는 수색을 합의부원에게 명할 수 있고 그 목적물의 소재지를 관할하는 지방법원 판사에게 촉탁할 수 있다.

②수탁판사는 압수 또는 수색의 목적물이 그 관할구역 내에 없는 때에는 그 목적물 소재지지방법원 판사에게 전촉할 수 있다.

③수명법관, 수탁판사가 행하는 압수 또는 수색에 관하여는 법원이 행하는 압수 또는 수색에 관한 규정을 준용한다.

제137조(구속영장집행과 수색) 검사, 사법경찰관리 또는 제81조제2항의 규정에 의한 법원사무관등이 구속영장을 집행할 경우에 필요한 때에는 미리 수색영장을 발부받기 어려운 긴급한 사정이 있는 경우에 한정하여 타인의 주거, 간수자있는 가옥, 건조물, 항공기, 선차 내에 들어가 피고인을 수색할 수 있다. 〈개정 2007. 6. 1., 2019. 12. 31.〉

제138조(준용규정) 제119조, 제120조, 제123조와 제127조의 규정은 전조의 규정에 의한 검사, 사법경찰관리, 법원사무관등의 수색에 준용한다. 〈개정 2007. 6. 1.〉

제11장 검증

제139조(검증) 법원은 사실을 발견함에 필요한 때에는 검증을 할 수 있다.

제140조(검증과 필요한 처분) 검증을 함에는 신체의 검사, 사체의 해부, 분묘의 발굴, 물건의 파괴 기타 필요한 처분을 할 수 있다.

제141조(신체검사에 관한 주의) ① 신체의 검사에 관하여는 검사를 받는 사람의 성별, 나이, 건강상태, 그 밖의 사정을 고려하여 그 사람의 건강과 명예를 해하지 아니하도록 주의하여야 한다.

② 피고인 아닌 사람의 신체검사는 증거가 될 만한 흔적을 확인할 수 있는 현저한 사유가 있는 경우에만 할 수 있다.

③ 여자의 신체를 검사하는 경우에는 의사나 성년 여자를 참여하게 하여야 한다.

④ 시체의 해부 또는 분묘의 발굴을 하는 때에는 예(禮)에 어긋나지 아니하도록 주의하고 미리 유족에게 통지하여야 한다.

[전문개정 2020. 12. 8.]

제142조(신체검사와 소환) 법원은 신체를 검사하기 위하여 피고인 아닌 자를 법원 기타 지정한 장소에 소환할 수 있다.

제143조(시각의 제한) ①일출 전, 일몰 후에는 가주, 간수자 또는 이에 준하는 자의 승낙이 없으면 검증을 하기 위하여 타인의 주거, 간수자 있는 가옥, 건조물, 항공기, 선차 내에 들어가지 못한다. 단, 일출 후에는 검증의 목적을 달성할 수 없을 염려가 있는 경우에는 예외로 한다.

②일몰 전에 검증에 착수한 때에는 일몰 후라도 검증을 계속할 수 있다.

③제126조에 규정한 장소에는 제1항의 제한을 받지 아니한다.

제144조(검증의 보조) 검증을 함에 필요한 때에는 사법경찰관리에게 보조를 명할 수 있다.

제145조(준용규정) 제110조, 제119조 내지 제123조, 제127조와 제136조의 규정은 검증에 관하여 준용한다.

제12장 증인신문

第146条(증인의자격) 법원은 법률에 다른 규정이 없으면 누구든지 증인으로 신문할 수 있다.

第147条(공무상 비밀과 증인자격) ①공무원 또는 공무원이었던 자가 그 직무에 관하여 알게 된 사실에 관하여 본인 또는 당해 공무소가 직무상 비밀에 속한 사항임을 신고한 때에는 그 소속공무소 또는 감독관공서의 승낙 없이는 증인으로 신문하지 못한다.

②그 소속공무소 또는 당해 감독관공서는 국가에 중대한 이익을 해하는 경우를 제외하고는 승낙을 거부하지 못한다.

第148条(근친자의 형사책임과 증언 거부) 누구든지 자기나 다음 각 호의 어느 하나에 해당하는 자가 형사소추(刑事訴追) 또는 공소제기를 당하거나 유죄판결을 받을 사실이 드러날 염려가 있는 증언을 거부할 수 있다.

1. 친족이거나 친족이었던 사람
2. 법정대리인, 후견감독인

[전문개정 2020. 12. 8.]

第149条(업무상비밀과 증언거부) 변호사, 변리사, 공증인, 공인회계사, 세무사, 대서업자, 의사, 한의사, 치과의사, 약사, 약종상, 조산사, 간호사, 종교의 직에 있는 자 또는 이러한 직에 있던 자가 그 업무상 위탁을 받은 관계로 알게 된 사실로서 타인의 비밀에 관한 것은 증언을 거부할 수 있다. 단, 본인의 승낙이 있거나 중대한 공익상 필요있는 때에는 예외로 한다. 〈개정 1980. 12. 18., 1997. 12. 13.〉

第150条(증언거부사유의 소명) 증언을 거부하는 자는 거부사유를 소명하여야 한다.

第150条의2(증인의 소환) ①법원은 소환장의 송달, 전화, 전자우편, 그 밖의 상당한 방법으로 증인을 소환한다.

②증인을 신청한 자는 증인이 출석하도록 합리적인 노력을 할 의무가 있다.

[본조신설 2007. 6. 1.]

제151조(증인이 출석하지 아니한 경우의 과태료 등) ①법원은 소환장을 송달받은 증인이 정당한 사유 없이 출석하지 아니한 때에는 결정으로 당해 불출석으로 인한 소송비용을 증인이 부담하도록 명하고, 500만원 이하의 과태료를 부과할 수 있다. 제153조에 따라 준용되는 제76조제2항·제5항에 따라 소환장의 송달과 동일한 효력이 있는 경우에도 또한 같다.

②법원은 증인이 제1항에 따른 과태료 재판을 받고도 정당한 사유 없이 다시 출석하지 아니한 때에는 결정으로 증인을 7일 이내의 감치에 처한다.

③법원은 감치재판기일에 증인을 소환하여 제2항에 따른 정당한 사유가 있는지의 여부를 심리하여야 한다.

④감치는 그 재판을 한 법원의 재판장의 명령에 따라 사법경찰관리·교도관·법원경위 또는 법원사무관등이 교도소·구치소 또는 경찰서유치장에 유치하여 집행한다.

⑤감치에 처하는 재판을 받은 증인이 제4항에 규정된 감치시설에 유치된 경우 당해 감치시설의 장은 즉시 그 사실을 법원에 통보하여야 한다.

⑥법원은 제5항의 통보를 받은 때에는 지체 없이 증인신문기일을 열어야 한다.

⑦법원은 감치의 재판을 받은 증인이 감치의 집행 중에 증언을 한 때에는 즉시 감치결정을 취소하고 그 증인을 석방하도록 명하여야 한다.

⑧제1항과 제2항의 결정에 대하여는 즉시항고를 할 수 있다. 이

경우 제410조는 적용하지 아니한다.

[전문개정 2007. 6. 1.]

제152조(소환불응과 구인) 정당한 사유없이 소환에 응하지 아니하는 증인은 구인할 수 있다.

제153조(준용규정) 제73조, 제74조, 제76조의 규정은 증인의 소환에 준용한다.

제154조(구내증인의 소환) 증인이 법원의 구내에 있는 때에는 소환함이 없이 신문할 수 있다.

제155조(준용규정) 제73조, 제75조, 제77조, 제81조 내지 제83조, 제85조제1항, 제2항의 규정은 증인의 구인에 준용한다.

제156조(증인의 선서) 증인에게는 신문 전에 선서하게 하여야 한다. 단, 법률에 다른 규정이 있는 경우에는 예외로 한다.

제157조(선서의 방식) ① 선서는 선서서(宣誓書)에 따라 하여야 한다.

② 선서서에는 “양심에 따라 숨김과 보탬이 없이 사실 그대로 말하고 만일 거짓말이 있으면 위증의 벌을 받기로 맹세합니다.”라고 기재하여야 한다.

③ 재판장은 증인에게 선서서를 낭독하고 기명날인하거나 서명하게 하여야 한다. 다만, 증인이 선서서를 낭독하지 못하거나 서명을 하지 못하는 경우에는 참여한 법원사무관등이 대행한다.

④ 선서는 일어서서 엄숙하게 하여야 한다.

[전문개정 2020. 12. 8.]

제158조(선서한 증인에 대한 경고) 재판장은 선서할 증인에 대하여 선서 전에 위증의 벌을 경고하여야 한다.

제159조(선서 무능력) 증인이 다음 각 호의 1에 해당한 때에는 선서하게 하지 아니하고 신문하여야 한다.

1. 16세미만의 자

2. 선서의 취지를 이해하지 못하는 자

제160조(증언거부권의 고지) 증인이 제148조, 제149조에 해당하는 경우에는 재판장은 신문 전에 증언을 거부할 수 있음을 설명하여야 한다.

제161조(선서, 증언의 거부와 과태료) ①증인이 정당한 이유없이 선서나 증언을 거부한 때에는 결정으로 50만원이하의 과태료에 처할 수 있다. 〈개정 1973. 1. 25., 1995. 12. 29.〉

②제1항의 결정에 대하여는 즉시항고를 할 수 있다. 〈개정 1995. 12. 29.〉

제161조의2(증인신문의 방식) ①증인은 신청한 검사, 변호인 또는 피고인이 먼저 이를 신문하고 다음에 다른 검사, 변호인 또는 피고인이 신문한다.

②재판장은 전항의 신문이 끝난 뒤에 신문할 수 있다.

③재판장은 필요하다고 인정하면 전2항의 규정에 불구하고 어느 때나 신문할 수 있으며 제1항의 신문순서를 변경할 수 있다.

④법원이 직권으로 신문할 증인이나 범죄로 인한 피해자의 신청에 의하여 신문할 증인의 신문방식은 재판장이 정하는 바에 의한다. 〈개정 1987. 11. 28.〉

⑤합의부원은 재판장에게 고하고 신문할 수 있다.

[본조신설 1961. 9. 1.]

제162조(개별신문과 대질) ①증인신문은 각 증인에 대하여 신문하여야 한다. 〈개정 1961. 9. 1.〉

②신문하지 아니한 증인이 재정한 때에는 퇴정을 명하여야 한다.

③필요한 때에는 증인과 다른 증인 또는 피고인과 대질하게 할 수 있다.

④ 삭제 〈1961. 9. 1.〉

제163조(당사자의 참여권, 신문권) ①검사, 피고인 또는 변호인은 증인신문에 참여할 수 있다.

②증인신문의 시일과 장소는 전항의 규정에 의하여 참여할 수 있는 자에게 미리 통지하여야 한다. 단, 참여하지 아니한다는 의사를 명시한 때에는 예외로 한다.

③삭제 〈1961. 9. 1.〉

제163조의2(신뢰관계에 있는 자의 동석) ①법원은 범죄로 인한 피해자를 증인으로 신문하는 경우 증인의 연령, 심신의 상태, 그 밖의 사정을 고려하여 증인이 현저하게 불안 또는 긴장을 느낄 우려가 있다고 인정하는 때에는 직권 또는 피해자·법정대리인·검사의 신청에 따라 피해자와 신뢰관계에 있는 자를 동석하게 할 수 있다.

②법원은 범죄로 인한 피해자가 13세 미만이거나 신체적 또는 정신적 장애로 사물을 변별하거나 의사를 결정할 능력이 미약한 경우에 재판에 지장을 초래할 우려가 있는 등 부득이한 경우가 아닌 한 피해자와 신뢰관계에 있는 자를 동석하게 하여야 한다.

③제1항 또는 제2항에 따라 동석한 자는 법원·소송관계인의 신문 또는 증인의 진술을 방해하거나 그 진술의 내용에 부당한 영향을 미칠 수 있는 행위를 하여서는 아니 된다.

④제1항 또는 제2항에 따라 동석할 수 있는 신뢰관계에 있는 자의 범위, 동석의 절차 및 방법 등에 관하여 필요한 사항은 대법원규칙으로 정한다.

[본조신설 2007. 6. 1.]

제164조(신문의 청구) ①검사, 피고인 또는 변호인이 증인신문에 참여하지 아니할 경우에는 법원에 대하여 필요한 사항의 신문을 청구할 수 있다.

②피고인 또는 변호인의 참여없이 증인을 신문한 경우에 피고인에

게 예기하지 아니한 불이익의 증언이 진술된 때에는 반드시 그 진술내용을 피고인 또는 변호인에게 알려주어야 한다.

③ 삭제 〈1961. 9. 1.〉

제165조(증인의 법정 외 신문) 법원은 증인의 연령, 직업, 건강상태 기타의 사정을 고려하여 검사, 피고인 또는 변호인의 의견을 묻고 법정 외에 소환하거나 현재지에서 신문할 수 있다.

제165조의2(비디오 등 중계장치 등에 의한 증인신문) ① 법원은 다음 각 호의 어느 하나에 해당하는 사람을 증인으로 신문하는 경우 상당하다고 인정할 때에는 검사와 피고인 또는 변호인의 의견을 들어 비디오 등 중계장치에 의한 중계시설을 통하여 신문하거나 가림시설 등을 설치하고 신문할 수 있다. 〈개정 2009. 6. 9., 2011. 8. 4., 2012. 12. 18., 2020. 12. 8., 2021. 8. 17.〉

1. 「아동복지법」 제71조제1항제1호 · 제1호의2 · 제2호 · 제3호에 해당하는 죄의 피해자

2. 「아동 · 청소년의 성보호에 관한 법률」 제7조, 제8조, 제11조부터 제15조까지 및 제17조제1항의 규정에 해당하는 죄의 대상이 되는 아동 · 청소년 또는 피해자

3. 범죄의 성질, 증인의 나이, 심신의 상태, 피고인과의 관계, 그 밖의 사정으로 인하여 피고인 등과 대면하여 진술할 경우 심리적인 부담으로 정신의 평온을 현저하게 잃을 우려가 있다고 인정되는 사람

② 법원은 증인이 멀리 떨어진 곳 또는 교통이 불편한 곳에 살고 있거나 건강상태 등 그 밖의 사정으로 말미암아 법정에 직접 출석하기 어렵다고 인정하는 때에는 검사와 피고인 또는 변호인의 의견을 들어 비디오 등 중계장치에 의한 중계시설을 통하여 신문할 수 있다. 〈신설 2021. 8. 17.〉

③ 제1항과 제2항에 따른 증인신문은 증인이 법정에 출석하여 이루어진 증인신문으로 본다. 〈신설 2021. 8. 17.〉

④ 제1항과 제2항에 따른 증인신문의 실시에 필요한 사항은 대법원규칙으로 정한다. 〈신설 2021. 8. 17.〉

[본조신설 2007. 6. 1.]

제166조(동행명령과 구인) ①법원은 필요한 때에는 결정으로 지정한 장소에 증인의 동행을 명할 수 있다.

②증인이 정당한 사유없이 동행을 거부하는 때에는 구인할 수 있다.

제167조(수명법관, 수탁판사) ①법원은 합의부원에게 법정 외의 증인신문을 명할 수 있고 또는 증인 현재지의 지방법원판사에게 그 신문을 촉탁할 수 있다.

②수탁판사는 증인이 관할구역 내에 현재하지 아니한 때에는 그 현재지의 지방법원판사에게 전촉할 수 있다.

③수명법관 또는 수탁판사는 증인의 신문에 관하여 법원 또는 재판장에 속한 처분을 할 수 있다.

제168조(증인의 여비, 일당, 숙박료) 소환받은 증인은 법률의 규정한 바에 의하여 여비, 일당과 숙박료를 청구할 수 있다. 단, 정당한 사유없이 선서 또는 증언을 거부한 자는 예외로 한다.

제13장 감정

제169조(감정) 법원은 학식 경험있는 자에게 감정을 명할 수 있다.

제170조(선서) ①감정인에게는 감정 전에 선서하게 하여야 한다.

②선서는 선서서에 의하여야 한다.

③선서서에는 「양심에 따라 성실히 감정하고 만일 거짓이 있으면 허위감정의 벌을 받기로 맹서합니다」라고 기재하여야 한다.

④제157조제3항, 제4항과 제158조의 규정은 감정인의 선서에 준

용한다.

제171조(감정보고) ①감정의 경과와 결과는 감정인으로 하여금 서면으로 제출하게 하여야 한다.

②감정인이 수인인 때에는 각각 또는 공동으로 제출하게 할 수 있다.

③감정의 결과에는 그 판단의 이유를 명시하여야 한다.

④필요한 때에는 감정인에게 설명하게 할 수 있다.

제172조(법원 외의 감정) ①법원은 필요한 때에는 감정인으로 하여금 법원 외에서 감정하게 할 수 있다.

②전항의 경우에는 감정을 요하는 물건을 감정인에게 교부할 수 있다.

③피고인의 정신 또는 신체에 관한 감정에 필요한 때에는 법원은 기간을 정하여 병원 기타 적당한 장소에 피고인을 유치하게 할 수 있고 감정이 완료되면 즉시 유치를 해제하여야 한다.

④전항의 유치를 함에는 감정유치장을 발부하여야 한다. 〈개정 1973. 1. 25.〉

⑤제3항의 유치를 함에 있어서 필요한 때에는 법원은 직권 또는 피고인을 수용할 병원 기타 장소의 관리자의 신청에 의하여 사법경찰관리에게 피고인의 간수를 명할 수 있다. 〈신설 1973. 1. 25.〉

⑥법원은 필요한 때에는 유치기간을 연장하거나 단축할 수 있다. 〈신설 1973. 1. 25.〉

⑦구속에 관한 규정은 이 법률에 특별한 규정이 없는 경우에는 제3항의 유치에 관하여 이를 준용한다. 단, 보석에 관한 규정은 그러하지 아니하다. 〈신설 1973. 1. 25.〉

⑧제3항의 유치는 미결구금일수의 산입에 있어서는 이를 구속으로 간주한다. 〈신설 1973. 1. 25.〉

제172조의2(감정유치와 구속) ①구속 중인 피고인에 대하여 감정유치장이 집행되었을 때에는 피고인이 유치되어 있는 기간 구속은 그 집행이 정지된 것으로 간주한다.

②전항의 경우에 전조 제3항의 유치처분이 취소되거나 유치기간이 만료된 때에는 구속의 집행정지가 취소된 것으로 간주한다.

[본조신설 1973. 1. 25.]

제173조(감정에 필요한 처분) ①감정인은 감정에 관하여 필요한 때에는 법원의 허가를 얻어 타인의 주거, 간수자 있는 가옥, 건조물, 항공기, 선차 내에 들어 갈 수 있고 신체의 검사, 사체의 해부, 분묘발굴, 물건의 파괴를 할 수 있다.

②전항의 허가에는 피고인의 성명, 죄명, 들어갈 장소, 검사할 신체, 해부할 사체, 발굴할 분묘, 파괴할 물건, 감정인의 성명과 유효기간을 기재한 허가장을 발부하여야 한다.

③감정인은 제1항의 처분을 받는 자에게 허가장을 제시하여야 한다.

④전2항의 규정은 감정인이 공판정에서 행하는 제1항의 처분에는 적용하지 아니한다.

⑤제141조, 제143조의 규정은 제1항의 경우에 준용한다.

제174조(감정인의 참여권, 신문권) ①감정인은 감정에 관하여 필요한 경우에는 재판장의 허가를 얻어 서류와 증거물을 열람 또는 등사하고 피고인 또는 증인의 신문에 참여할 수 있다.

②감정인은 피고인 또는 증인의 신문을 구하거나 재판장의 허가를 얻어 직접 발문할 수 있다.

제175조(수명법관) 법원은 합의부원으로 하여금 감정에 관하여 필요한 처분을 하게 할 수 있다.

제176조(당사자의 참여) ①검사, 피고인 또는 변호인은 감정에 참여

할 수 있다.

②제122조의 규정은 전항의 경우에 준용한다.

제177조(준용규정) 감정에 관하여는 제12장(구인에 관한 규정은 제외한다)을 준용한다.

[전문개정 2020. 12. 8.]

제178조(여비, 감정료 등) 감정인은 법률의 정하는 바에 의하여 여비, 일당, 숙박료 외에 감정료와 체당금의 변상을 청구할 수 있다.

제179조(감정증인) 특별한 지식에 의하여 알게 된 과거의 사실을 신문하는 경우에는 본장의 규정에 의하지 아니하고 전장의 규정에 의한다.

제179조의2(감정의 촉탁) ①법원은 필요하다고 인정하는 때에는 공무소·학교·병원 기타 상당한 설비가 있는 단체 또는 기관에 대하여 감정을 촉탁할 수 있다. 이 경우 선서에 관한 규정은 이를 적용하지 아니한다.

②제1항의 경우 법원은 당해 공무소·학교·병원·단체 또는 기관이 지정한 자로 하여금 감정서의 설명을 하게 할 수 있다.

[본조신설 1995. 12. 29.]

제14장 통역과 번역

제180조(통역) 국어에 통하지 아니하는 자의 진술에는 통역인으로 하여금 통역하게 하여야 한다.

제181조(청각 또는 언어장애인의 통역) 듣거나 말하는 데 장애가 있는 사람의 진술에 대해서는 통역인으로 하여금 통역하게 할 수 있다.

[전문개정 2020. 12. 8.]

제182조(번역) 국어 아닌 문자 또는 부호는 번역하게 하여야 한다.

제183조(준용규정) 전장의 규정은 통역과 번역에 준용한다.

제15장 증거보전

제184조(증거보전의 청구와 그 절차) ①검사, 피고인, 피의자 또는 변호인은 미리 증거를 보전하지 아니하면 그 증거를 사용하기 곤란한 사정이 있는 때에는 제1회 공판기일 전이라도 판사에게 압수, 수색, 검증, 증인신문 또는 감정을 청구할 수 있다.

②전항의 청구를 받은 판사는 그 처분에 관하여 법원 또는 재판장과 동일한 권한이 있다.

③제1항의 청구를 함에는 서면으로 그 사유를 소명하여야 한다.

④제1항의 청구를 기각하는 결정에 대하여는 3일 이내에 항고할 수 있다. 〈신설 2007. 6. 1.〉

제185조(서류의 열람등) 검사, 피고인, 피의자 또는 변호인은 판사의 허가를 얻어 전조의 처분에 관한 서류와 증거물을 열람 또는 등사할 수 있다.

제16장 소송비용

제186조(피고인의 소송비용부담) ①형의 선고를 하는 때에는 피고인에게 소송비용의 전부 또는 일부를 부담하게 하여야 한다. 다만, 피고인의 경제적 사정으로 소송비용을 납부할 수 없는 때에는 그러하지 아니하다. 〈개정 1995. 12. 29.〉

②피고인에게 책임지울 사유로 발생된 비용은 형의 선고를 하지 아니하는 경우에도 피고인에게 부담하게 할 수 있다.

제187조(공범의 소송비용) 공범의 소송비용은 공범인에게 연대부담하게 할 수 있다.

제188조(고소인등의 소송비용부담) 고소 또는 고발에 의하여 공소를

제기한 사건에 관하여 피고인이 무죄 또는 면소의 판결을 받은 경우에 고소인 또는 고발인에게 고의 또는 중대한 과실이 있는 때에는 그 자에게 소송비용의 전부 또는 일부를 부담하게 할 수 있다.

제189조(검사의 상소취하와 소송비용부담) 검사만이 상소 또는 재심청구를 한 경우에 상소 또는 재심의 청구가 기각되거나 취하된 때에는 그 소송비용을 피고인에게 부담하게 하지 못한다.

제190조(제삼자의 소송비용부담) ①검사 아닌 자가 상소 또는 재심청구를 한 경우에 상소 또는 재심의 청구가 기각되거나 취하된 때에는 그 자에게 그 소송비용을 부담하게 할 수 있다.

②피고인 아닌 자가 피고인이 제기한 상소 또는 재심의 청구를 취하한 경우에도 전항과 같다.

제191조(소송비용부담의 재판) ①재판으로 소송절차가 종료되는 경우에 피고인에게 소송비용을 부담하게 하는 때에는 직권으로 재판하여야 한다.

②전항의 재판에 대하여는 본안의 재판에 관하여 상소하는 경우에 한하여 불복할 수 있다.

제192조(제삼자부담의 재판) ①재판으로 소송절차가 종료되는 경우에 피고인 아닌 자에게 소송비용을 부담하게 하는 때에는 직권으로 결정을 하여야 한다.

②전항의 결정에 대하여는 즉시항고를 할 수 있다.

제193조(재판에 의하지 아니한 절차종료) ①재판에 의하지 아니하고 소송절차가 종료되는 경우에 소송비용을 부담하게 하는 때에는 사건의 최종계속법원이 직권으로 결정을 하여야 한다.

②전항의 결정에 대하여는 즉시항고를 할 수 있다.

제194조(부담액의 산정) 소송비용의 부담을 명하는 재판에 그 금액을 표시하지 아니한 때에는 집행을 지휘하는 검사가 산정한다.

제194조의2(무죄판결과 비용보상) ①국가는 무죄판결이 확정된 경우에는 당해 사건의 피고인이었던 자에 대하여 그 재판에 소요된 비용을 보상하여야 한다.

②다음 각 호의 어느 하나에 해당하는 경우에는 제1항에 따른 비용의 전부 또는 일부를 보상하지 아니할 수 있다.

1. 피고인이었던 자가 수사 또는 재판을 그르칠 목적으로 거짓 자백을 하거나 다른 유죄의 증거를 만들어 기소된 것으로 인정된 경우

2. 1개의 재판으로써 경합범의 일부에 대하여 무죄판결이 확정되고 다른 부분에 대하여 유죄판결이 확정된 경우

3. 「형법」 제9조 및 제10조제1항의 사유에 따른 무죄판결이 확정된 경우

4. 그 비용이 피고인이었던 자에게 책임지울 사유로 발생한 경우

[본조신설 2007. 6. 1.]

제194조의3(비용보상의 절차 등) ①제194조의2제1항에 따른 비용의 보상은 피고인이었던 자의 청구에 따라 무죄판결을 선고한 법원의 합의부에서 결정으로 한다.

②제1항에 따른 청구는 무죄판결이 확정된 사실을 안 날부터 3년, 무죄판결이 확정된 때부터 5년 이내에 하여야 한다. 〈개정 2014. 12. 30.〉

③제1항의 결정에 대하여는 즉시항고를 할 수 있다.

[본조신설 2007. 6. 1.]

제194조의4(비용보상의 범위) ①제194조의2에 따른 비용보상의 범위는 피고인이었던 자 또는 그 변호인이었던 자가 공판준비 및 공판기일에 출석하는데 소요된 여비·일당·숙박료와 변호인이었던 자에 대한 보수에 한한다. 이 경우 보상금액에 관하여는「형사소송비용

등에 관한 법률」을 준용하되, 피고인이었던 자에 대하여는 증인에 관한 규정을, 변호인이었던 자에 대하여는 국선변호인에 관한 규정을 준용한다.

②법원은 공판준비 또는 공판기일에 출석한 변호인이 2인 이상이었던 경우에는 사건의 성질, 심리 상황, 그 밖의 사정을 고려하여 변호인이었던 자의 여비·일당 및 숙박료를 대표변호인이나 그 밖의 일부 변호인의 비용만으로 한정할 수 있다.

[본조신설 2007. 6. 1.]

제194조의5(준용규정) 비용보상청구, 비용보상절차, 비용보상과 다른 법률에 따른 손해배상과의 관계, 보상을 받을 권리의 양도·압류 또는 피고인이었던 자의 상속인에 대한 비용보상에 관하여 이 법에 규정한 것을 제외하고는 「형사보상법」에 따른 보상의 예에 따른다.

[본조신설 2007. 6. 1.]

제2편 제1심

제1장 수사

제195조(검사와 사법경찰관의 관계 등) ① 검사와 사법경찰관은 수사, 공소제기 및 공소유지에 관하여 서로 협력하여야 한다.

② 제1항에 따른 수사를 위하여 준수하여야 하는 일반적 수사준칙에 관한 사항은 대통령령으로 정한다.

[본조신설 2020. 2. 4.]

[종전 제195조는 제196조로 이동 〈2020. 2. 4.〉]

제196조(검사의 수사) ① 검사는 범죄의 혐의가 있다고 사료하는 때에는 범인, 범죄사실과 증거를 수사한다. 〈개정 2022. 5. 9.〉

② 검사는 제197조의3제6항, 제198조의2제2항 및 제245조의7제2항에 따라 사법경찰관으로부터 송치받은 사건에 관하여는 해당 사

건과 동일성을 해치지 아니하는 범위 내에서 수사할 수 있다. 〈신설 2022. 5. 9.〉

[전문개정 2020. 2. 4.]

[제195조에서 이동, 종전 제196조는 제197조로 이동 〈2020. 2. 4.〉]

제197조(사법경찰관리) ① 경무관, 총경, 경정, 경감, 경위는 사법경찰관으로서 범죄의 혐의가 있다고 사료하는 때에는 범인, 범죄사실과 증거를 수사한다. 〈개정 2020. 2. 4.〉

② 경사, 경장, 순경은 사법경찰리로서 수사의 보조를 하여야 한다. 〈개정 2020. 2. 4.〉

③ 삭제 〈2020. 2. 4.〉

④ 삭제 〈2020. 2. 4.〉

⑤ 삭제 〈2020. 2. 4.〉

⑥ 삭제 〈2020. 2. 4.〉

[전문개정 2011. 7. 18.]

[제196조에서 이동, 종전 제197조는 삭제

제197조의2(보완수사요구) ① 검사는 다음 각 호의 어느 하나에 해당하는 경우에 사법경찰관에게 보완수사를 요구할 수 있다.

1. 송치사건의 공소제기 여부 결정 또는 공소의 유지에 관하여 필요한 경우

2. 사법경찰관이 신청한 영장의 청구 여부 결정에 관하여 필요한 경우

② 사법경찰관은 제1항의 요구가 있는 때에는 정당한 이유가 없는 한 지체 없이 이를 이행하고, 그 결과를 검사에게 통보하여야 한다.

③ 검찰총장 또는 각급 검찰청 검사장은 사법경찰관이 정당한 이유 없이 제1항의 요구에 따르지 아니하는 때에는 권한 있는 사람에게 해당 사법경찰관의 직무배제 또는 징계를 요구할 수 있고, 그 징

계 절차는 「공무원 징계령」 또는 「경찰공무원 징계령」에 따른다.

[본조신설 2020. 2. 4.]

제197조의3(시정조치요구 등) ① 검사는 사법경찰관리의 수사과정에서 법령위반, 인권침해 또는 현저한 수사권 남용이 의심되는 사실의 신고가 있거나 그러한 사실을 인식하게 된 경우에는 사법경찰관에게 사건기록 등본의 송부를 요구할 수 있다.

② 제1항의 송부 요구를 받은 사법경찰관은 지체 없이 검사에게 사건기록 등본을 송부하여야 한다.

③ 제2항의 송부를 받은 검사는 필요하다고 인정되는 경우에는 사법경찰관에게 시정조치를 요구할 수 있다.

④ 사법경찰관은 제3항의 시정조치 요구가 있는 때에는 정당한 이유가 없으면 지체 없이 이를 이행하고, 그 결과를 검사에게 통보하여야 한다.

⑤ 제4항의 통보를 받은 검사는 제3항에 따른 시정조치 요구가 정당한 이유 없이 이행되지 않았다고 인정되는 경우에는 사법경찰관에게 사건을 송치할 것을 요구할 수 있다.

⑥ 제5항의 송치 요구를 받은 사법경찰관은 검사에게 사건을 송치하여야 한다.

⑦ 검찰총장 또는 각급 검찰청 검사장은 사법경찰관리의 수사과정에서 법령위반, 인권침해 또는 현저한 수사권 남용이 있었던 때에는 권한 있는 사람에게 해당 사법경찰관리의 징계를 요구할 수 있고, 그 징계 절차는 「공무원 징계령」 또는 「경찰공무원 징계령」에 따른다.

⑧ 사법경찰관은 피의자를 신문하기 전에 수사과정에서 법령위반, 인권침해 또는 현저한 수사권 남용이 있는 경우 검사에게 구제를 신청할 수 있음을 피의자에게 알려주어야 한다.

[본조신설 2020. 2. 4.]

제197조의4(수사의 경합) ① 검사는 사법경찰관과 동일한 범죄사실을 수사하게 된 때에는 사법경찰관에게 사건을 송치할 것을 요구할 수 있다.

② 제1항의 요구를 받은 사법경찰관은 지체 없이 검사에게 사건을 송치하여야 한다. 다만, 검사가 영장을 청구하기 전에 동일한 범죄사실에 관하여 사법경찰관이 영장을 신청한 경우에는 해당 영장에 기재된 범죄사실을 계속 수사할 수 있다.

[본조신설 2020. 2. 4.]

제198조(준수사항) ①피의자에 대한 수사는 불구속 상태에서 함을 원칙으로 한다.

②검사·사법경찰관리와 그 밖에 직무상 수사에 관계있는 자는 피의자 또는 다른 사람의 인권을 존중하고 수사과정에서 취득한 비밀을 엄수하며 수사에 방해되는 일이 없도록 하여야 한다.

③ 검사·사법경찰관리와 그 밖에 직무상 수사에 관계있는 자는 수사과정에서 수사와 관련하여 작성하거나 취득한 서류 또는 물건에 대한 목록을 빠짐 없이 작성하여야 한다. 〈신설 2011. 7. 18.〉

④ 수사기관은 수사 중인 사건의 범죄 혐의를 밝히기 위한 목적으로 합리적인 근거 없이 별개의 사건을 부당하게 수사하여서는 아니 되고, 다른 사건의 수사를 통하여 확보된 증거 또는 자료를 내세워 관련 없는 사건에 대한 자백이나 진술을 강요하여서도 아니 된다. 〈신설 2022. 5. 9.〉

[전문개정 2007. 6. 1.]

제198조의2(검사의 체포·구속장소감찰) ①지방검찰청 검사장 또는 지청장은 불법체포·구속의 유무를 조사하기 위하여 검사로 하여금 매월 1회 이상 관하수사관서의 피의자의 체포·구속장소를 감찰하게 하여야 한다. 감찰하는 검사는 체포 또는 구속된 자를 심문하고 관

련서류를 조사하여야 한다. 〈개정 1995. 12. 29.〉

②검사는 적법한 절차에 의하지 아니하고 체포 또는 구속된 것이라고 의심할 만한 상당한 이유가 있는 경우에는 즉시 체포 또는 구속된 자를 석방하거나 사건을 검찰에 송치할 것을 명하여야 한다. 〈개정 1995. 12. 29.〉

[본조신설 1961. 9. 1.]

[제목개정 1995. 12. 29.]

제199조(수사와 필요한 조사) ①수사에 관하여는 그 목적을 달성하기 위하여 필요한 조사를 할 수 있다. 다만, 강제처분은 이 법률에 특별한 규정이 있는 경우에 한하며, 필요한 최소한도의 범위 안에서만 하여야 한다. 〈개정 1995. 12. 29.〉

②수사에 관하여는 공무소 기타 공사단체에 조회하여 필요한 사항의 보고를 요구할 수 있다.

제200조(피의자의 출석요구) 검사 또는 사법경찰관은 수사에 필요한 때에는 피의자의 출석을 요구하여 진술을 들을 수 있다.

[전문개정 2007. 6. 1.]

제200조의2(영장에 의한 체포) ①피의자가 죄를 범하였다고 의심할 만한 상당한 이유가 있고, 정당한 이유없이 제200조의 규정에 의한 출석요구에 응하지 아니하거나 응하지 아니할 우려가 있는 때에는 검사는 관할 지방법원판사에게 청구하여 체포영장을 발부받아 피의자를 체포할 수 있고, 사법경찰관은 검사에게 신청하여 검사의 청구로 관할지방법원판사의 체포영장을 발부받아 피의자를 체포할 수 있다. 다만, 다액 50만원이하의 벌금, 구류 또는 과료에 해당하는 사건에 관하여는 피의자가 일정한 주거가 없는 경우 또는 정당한 이유없이 제200조의 규정에 의한 출석요구에 응하지 아니한 경우에 한한다.

②제1항의 청구를 받은 지방법원판사는 상당하다고 인정할 때에는 체포영장을 발부한다. 다만, 명백히 체포의 필요가 인정되지 아니하는 경우에는 그러하지 아니하다.

③제1항의 청구를 받은 지방법원판사가 체포영장을 발부하지 아니할 때에는 청구서에 그 취지 및 이유를 기재하고 서명날인하여 청구한 검사에게 교부한다.

④검사가 제1항의 청구를 함에 있어서 동일한 범죄사실에 관하여 그 피의자에 대하여 전에 체포영장을 청구하였거나 발부받은 사실이 있는 때에는 다시 체포영장을 청구하는 취지 및 이유를 기재하여야 한다.

⑤체포한 피의자를 구속하고자 할 때에는 체포한 때부터 48시간 이내에 제201조의 규정에 의하여 구속영장을 청구하여야 하고, 그 기간내에 구속영장을 청구하지 아니하는 때에는 피의자를 즉시 석방하여야 한다.

[본조신설 1995. 12. 29.]

[제목개정 2007. 6. 1.]

제200조의3(긴급체포) ①검사 또는 사법경찰관은 피의자가 사형·무기 또는 장기 3년이상의 징역이나 금고에 해당하는 죄를 범하였다고 의심할 만한 상당한 이유가 있고, 다음 각 호의 어느 하나에 해당하는 사유가 있는 경우에 긴급을 요하여 지방법원판사의 체포영장을 받을 수 없는 때에는 그 사유를 알리고 영장없이 피의자를 체포할 수 있다. 이 경우 긴급을 요한다 함은 피의자를 우연히 발견한 경우등과 같이 체포영장을 받을 시간적 여유가 없는 때를 말한다. 〈개정 2007. 6. 1.〉

1. 피의자가 증거를 인멸할 염려가 있는 때
2. 피의자가 도망하거나 도망할 우려가 있는 때

②사법경찰관이 제1항의 규정에 의하여 피의자를 체포한 경우에는 즉시 검사의 승인을 얻어야 한다.

③검사 또는 사법경찰관은 제1항의 규정에 의하여 피의자를 체포한 경우에는 즉시 긴급체포서를 작성하여야 한다.

④제3항의 규정에 의한 긴급체포서에는 범죄사실의 요지, 긴급체포의 사유등을 기재하여야 한다.

[본조신설 1995. 12. 29.]

제200조의4(긴급체포와 영장청구기간) ①검사 또는 사법경찰관이 제200조의3의 규정에 의하여 피의자를 체포한 경우 피의자를 구속하고자 할 때에는 지체 없이 검사는 관할지방법원판사에게 구속영장을 청구하여야 하고, 사법경찰관은 검사에게 신청하여 검사의 청구로 관할지방법원판사에게 구속영장을 청구하여야 한다. 이 경우 구속영장은 피의자를 체포한 때부터 48시간 이내에 청구하여야 하며, 제200조의3제3항에 따른 긴급체포서를 첨부하여야 한다. 〈개정 2007. 6. 1.〉

②제1항의 규정에 의하여 구속영장을 청구하지 아니하거나 발부받지 못한 때에는 피의자를 즉시 석방하여야 한다.

③제2항의 규정에 의하여 석방된 자는 영장없이는 동일한 범죄사실에 관하여 체포하지 못한다.

④검사는 제1항에 따른 구속영장을 청구하지 아니하고 피의자를 석방한 경우에는 석방한 날부터 30일 이내에 서면으로 다음 각 호의 사항을 법원에 통지하여야 한다. 이 경우 긴급체포서의 사본을 첨부하여야 한다. 〈신설 2007. 6. 1.〉

1. 긴급체포 후 석방된 자의 인적사항
2. 긴급체포의 일시·장소와 긴급체포하게 된 구체적 이유
3. 석방의 일시·장소 및 사유

4. 긴급체포 및 석방한 검사 또는 사법경찰관의 성명

⑤긴급체포 후 석방된 자 또는 그 변호인·법정대리인·배우자·직계친족·형제자매는 통지서 및 관련 서류를 열람하거나 등사할 수 있다. 〈신설 2007. 6. 1.〉

⑥사법경찰관은 긴급체포한 피의자에 대하여 구속영장을 신청하지 아니하고 석방한 경우에는 즉시 검사에게 보고하여야 한다. 〈신설 2007. 6. 1.〉

[본조신설 1995. 12. 29.]

제200조의5(체포와 피의사실 등의 고지) 검사 또는 사법경찰관은 피의자를 체포하는 경우에는 피의사실의 요지, 체포의 이유와 변호인을 선임할 수 있음을 말하고 변명할 기회를 주어야 한다.

[본조신설 2007. 6. 1.]

[종전 제200조의5는 제200조의6으로 이동 〈2007. 6. 1.〉]

제200조의6(준용규정) 제75조, 제81조제1항 본문 및 제3항, 제82조, 제83조, 제85조제1항·제3항 및 제4항, 제86조, 제87조, 제89조부터 제91조까지, 제93조, 제101조제4항 및 제102조제2항 단서의 규정은 검사 또는 사법경찰관이 피의자를 체포하는 경우에 이를 준용한다. 이 경우 "구속"은 이를 "체포"로, "구속영장"은 이를 "체포영장"으로 본다. 〈개정 2007. 6. 1.〉

[본조신설 1995. 12. 29.]

[제200조의5에서 이동 〈2007. 6. 1.〉]

제201조(구속) ①피의자가 죄를 범하였다고 의심할 만한 상당한 이유가 있고 제70조제1항 각 호의 1에 해당하는 사유가 있을 때에는 검사는 관할지방법원판사에게 청구하여 구속영장을 받아 피의자를 구속할 수 있고 사법경찰관은 검사에게 신청하여 검사의 청구로 관할지방법원판사의 구속영장을 받아 피의자를 구속할 수 있다. 다만,

다액 50만원이하의 벌금, 구류 또는 과료에 해당하는 범죄에 관하여는 피의자가 일정한 주거가 없는 경우에 한한다. 〈개정 1980. 12. 18., 1995. 12. 29.〉

②구속영장의 청구에는 구속의 필요를 인정할 수 있는 자료를 제출하여야 한다. 〈개정 1980. 12. 18.〉

③제1항의 청구를 받은 지방법원판사는 신속히 구속영장의 발부여부를 결정하여야 한다. 〈신설 1995. 12. 29.〉

④제1항의 청구를 받은 지방법원판사는 상당하다고 인정할 때에는 구속영장을 발부한다. 이를 발부하지 아니할 때에는 청구서에 그 취지 및 이유를 기재하고 서명날인하여 청구한 검사에게 교부한다. 〈개정 1980. 12. 18.〉

⑤검사가 제1항의 청구를 함에 있어서 동일한 범죄사실에 관하여 그 피의자에 대하여 전에 구속영장을 청구하거나 발부받은 사실이 있을 때에는 다시 구속영장을 청구하는 취지 및 이유를 기재하여야 한다. 〈개정 1980. 12. 18.〉

[전문개정 1973. 1. 25.]

제201조의2(구속영장 청구와 피의자 심문) ①제200조의2 · 제200조의3 또는 제212조에 따라 체포된 피의자에 대하여 구속영장을 청구받은 판사는 지체 없이 피의자를 심문하여야 한다. 이 경우 특별한 사정이 없는 한 구속영장이 청구된 날의 다음날까지 심문하여야 한다.

②제1항 외의 피의자에 대하여 구속영장을 청구받은 판사는 피의자가 죄를 범하였다고 의심할 만한 이유가 있는 경우에 구인을 위한 구속영장을 발부하여 피의자를 구인한 후 심문하여야 한다. 다만, 피의자가 도망하는 등의 사유로 심문할 수 없는 경우에는 그러하지 아니하다.

③판사는 제1항의 경우에는 즉시, 제2항의 경우에는 피의자를 인

치한 후 즉시 검사, 피의자 및 변호인에게 심문기일과 장소를 통지하여야 한다. 이 경우 검사는 피의자가 체포되어 있는 때에는 심문기일에 피의자를 출석시켜야 한다.

④검사와 변호인은 제3항에 따른 심문기일에 출석하여 의견을 진술할 수 있다.

⑤판사는 제1항 또는 제2항에 따라 심문하는 때에는 공범의 분리심문이나 그 밖에 수사상의 비밀보호를 위하여 필요한 조치를 하여야 한다.

⑥제1항 또는 제2항에 따라 피의자를 심문하는 경우 법원사무관등은 심문의 요지 등을 조서로 작성하여야 한다.

⑦피의자심문을 하는 경우 법원이 구속영장청구서·수사 관계 서류 및 증거물을 접수한 날부터 구속영장을 발부하여 검찰청에 반환한 날까지의 기간은 제202조 및 제203조의 적용에 있어서 그 구속기간에 산입하지 아니한다.

⑧심문할 피의자에게 변호인이 없는 때에는 지방법원판사는 직권으로 변호인을 선정하여야 한다. 이 경우 변호인의 선정은 피의자에 대한 구속영장 청구가 기각되어 효력이 소멸한 경우를 제외하고는 제1심까지 효력이 있다.

⑨법원은 변호인의 사정이나 그 밖의 사유로 변호인 선정결정이 취소되어 변호인이 없게 된 때에는 직권으로 변호인을 다시 선정할 수 있다.

⑩제71조, 제71조의2, 제75조, 제81조부터 제83조까지, 제85조제1항·제3항·제4항, 제86조, 제87조제1항, 제89조부터 제91조까지 및 제200조의5는 제2항에 따라 구인을 하는 경우에 준용하고, 제48조, 제51조, 제53조, 제56조의2 및 제276조의2는 피의자에 대한 심문의 경우에 준용한다.

[전문개정 2007. 6. 1.]

제202조(사법경찰관의 구속기간) 사법경찰관이 피의자를 구속한 때에는 10일 이내에 피의자를 검사에게 인치하지 아니하면 석방하여야 한다.

제203조(검사의 구속기간) 검사가 피의자를 구속한 때 또는 사법경찰관으로부터 피의자의 인치를 받은 때에는 10일 이내에 공소를 제기하지 아니하면 석방하여야 한다.

제203조의2(구속기간에의 산입) 피의자가 제200조의2 · 제200조의3 · 제201조의2제2항 또는 제212조의 규정에 의하여 체포 또는 구인된 경우에는 제202조 또는 제203조의 구속기간은 피의자를 체포 또는 구인한 날부터 기산한다. 〈개정 1997. 12. 13., 2007. 6. 1.〉

[본조신설 1995. 12. 29.]

제204조(영장발부와 법원에 대한 통지) 체포영장 또는 구속영장의 발부를 받은 후 피의자를 체포 또는 구속하지 아니하거나 체포 또는 구속한 피의자를 석방한 때에는 지체없이 검사는 영장을 발부한 법원에 그 사유를 서면으로 통지하여야 한다. 〈개정 1995. 12. 29.〉

제205조(구속기간의 연장) ①지방법원판사는 검사의 신청에 의하여 수사를 계속함에 상당한 이유가 있다고 인정한 때에는 10일을 초과하지 아니하는 한도에서 제203조의 구속기간의 연장을 1차에 한하여 허가할 수 있다.

②전항의 신청에는 구속기간의 연장의 필요를 인정할 수 있는 자료를 제출하여야 한다.

제206조 삭제 〈1995. 12. 29.〉

제207조 삭제 〈1995. 12. 29.〉

제208조(재구속의 제한) ①검사 또는 사법경찰관에 의하여 구속되었

다가 석방된 자는 다른 중요한 증거를 발견한 경우를 제외하고는 동일한 범죄사실에 관하여 재차 구속하지 못한다.

②전항의 경우에는 1개의 목적을 위하여 동시 또는 수단결과의 관계에서 행하여진 행위는 동일한 범죄사실로 간주한다.

[전문개정 1973. 1. 25.]

제209조(준용규정) 제70조제2항, 제71조, 제75조, 제81조제1항 본문·제3항, 제82조, 제83조, 제85조부터 제87조까지, 제89조부터 제91조까지, 제93조, 제101조제1항, 제102조제2항 본문(보석의 취소에 관한 부분은 제외한다) 및 제200조의5는 검사 또는 사법경찰관의 피의자 구속에 관하여 준용한다. 〈개정 2007. 12. 21.〉

[전문개정 2007. 6. 1.]

제210조(사법경찰관리의 관할구역 외의 수사) 사법경찰관리가 관할구역 외에서 수사하거나 관할구역 외의 사법경찰관리의 촉탁을 받어 수사할 때에는 관할지방검찰청 검사장 또는 지청장에게 보고하여야 한다. 다만, 제200조의3, 제212조, 제214조, 제216조와 제217조의 규정에 의한 수사를 하는 경우에 긴급을 요할 때에는 사후에 보고할 수 있다. 〈개정 1961. 9. 1., 1995. 12. 29.〉

제211조(현행범인과 준현행범인) ① 범죄를 실행하고 있거나 실행하고 난 직후의 사람을 현행범인이라 한다.

② 다음 각 호의 어느 하나에 해당하는 사람은 현행범인으로 본다.

1. 범인으로 불리며 추적되고 있을 때

2. 장물이나 범죄에 사용되었다고 인정하기에 충분한 흉기나 그 밖의 물건을 소지하고 있을 때

3. 신체나 의복류에 증거가 될 만한 뚜렷한 흔적이 있을 때

4. 누구냐고 묻자 도망하려고 할 때

[전문개정 2020. 12. 8.]

제212조(현행범인의 체포) 현행범인은 누구든지 영장없이 체포할 수 있다.

제212조의2 삭제 〈1987. 11. 28.〉

제213조(체포된 현행범인의 인도) ①검사 또는 사법경찰관리 아닌 자가 현행범인을 체포한 때에는 즉시 검사 또는 사법경찰관리에게 인도하여야 한다.

②사법경찰관리가 현행범인의 인도를 받은 때에는 체포자의 성명, 주거, 체포의 사유를 물어야 하고 필요한 때에는 체포자에 대하여 경찰관서에 동행함을 요구할 수 있다.

③ 삭제 〈1987. 11. 28.〉

제213조의2(준용규정) 제87조, 제89조, 제90조, 제200조의2제5항 및 제200조의5의 규정은 검사 또는 사법경찰관리가 현행범인을 체포하거나 현행범인을 인도받은 경우에 이를 준용한다. 〈개정 1995. 12. 29., 2007. 6. 1.〉

[본조신설 1987. 11. 28.]

제214조(경미사건과 현행범인의 체포) 다액 50만원이하의 벌금, 구류 또는 과료에 해당하는 죄의 현행범인에 대하여는 범인의 주거가 분명하지 아니한 때에 한하여 제212조 내지 제213조의 규정을 적용한다. 〈개정 1973. 1. 25., 1980. 12. 18., 1995. 12. 29.〉

제214조의2(체포와 구속의 적부심사) ① 체포되거나 구속된 피의자 또는 그 변호인, 법정대리인, 배우자, 직계친족, 형제자매나 가족, 동거인 또는 고용주는 관할법원에 체포 또는 구속의 적부심사(適否審査)를 청구할 수 있다. 〈개정 2020. 12. 8.〉

②피의자를 체포하거나 구속한 검사 또는 사법경찰관은 체포되거나 구속된 피의자와 제1항에 규정된 사람 중에서 피의자가 지정하는 사람에게 제1항에 따른 적부심사를 청구할 수 있음을 알려야 한

다. 〈신설 2007. 6. 1., 2020. 12. 8.〉

③법원은 제1항에 따른 청구가 다음 각 호의 어느 하나에 해당하는 때에는 제4항에 따른 심문 없이 결정으로 청구를 기각할 수 있다. 〈개정 1987. 11. 28., 1995. 12. 29., 2007. 6. 1., 2020. 12. 8.〉

1. 청구권자 아닌 사람이 청구하거나 동일한 체포영장 또는 구속영장의 발부에 대하여 재청구한 때

2. 공범이나 공동피의자의 순차청구(順次請求)가 수사 방해를 목적으로 하고 있음이 명백한 때

④ 제1항의 청구를 받은 법원은 청구서가 접수된 때부터 48시간 이내에 체포되거나 구속된 피의자를 심문하고 수사 관계 서류와 증거물을 조사하여 그 청구가 이유 없다고 인정한 경우에는 결정으로 기각하고, 이유 있다고 인정한 경우에는 결정으로 체포되거나 구속된 피의자의 석방을 명하여야 한다. 심사 청구 후 피의자에 대하여 공소제기가 있는 경우에도 또한 같다. 〈개정 2020. 12. 8.〉

⑤ 법원은 구속된 피의자(심사청구 후 공소제기된 사람을 포함한다)에 대하여 피의자의 출석을 보증할 만한 보증금의 납입을 조건으로 하여 결정으로 제4항의 석방을 명할 수 있다. 다만, 다음 각 호에 해당하는 경우에는 그러하지 아니하다. 〈개정 2020. 12. 8.〉

1. 범죄의 증거를 인멸할 염려가 있다고 믿을 만한 충분한 이유가 있는 때

2. 피해자, 당해 사건의 재판에 필요한 사실을 알고 있다고 인정되는 사람 또는 그 친족의 생명·신체나 재산에 해를 가하거나 가할 염려가 있다고 믿을 만한 충분한 이유가 있는 때

⑥ 제5항의 석방 결정을 하는 경우에는 주거의 제한, 법원 또는 검사가 지정하는 일시·장소에 출석할 의무, 그 밖의 적당한 조건을

부가할 수 있다. 〈개정 2020. 12. 8.〉

⑦ 제5항에 따라 보증금 납입을 조건으로 석방을 하는 경우에는 제99조와 제100조를 준용한다. 〈개정 2020. 12. 8.〉

⑧ 제3항과 제4항의 결정에 대해서는 항고할 수 없다. 〈개정 2020. 12. 8.〉

⑨ 검사ㆍ변호인ㆍ청구인은 제4항의 심문기일에 출석하여 의견을 진술할 수 있다. 〈개정 2020. 12. 8.〉

⑩ 체포되거나 구속된 피의자에게 변호인이 없는 때에는 제33조를 준용한다. 〈개정 2020. 12. 8.〉

⑪법원은 제4항의 심문을 하는 경우 공범의 분리심문이나 그 밖에 수사상의 비밀보호를 위한 적절한 조치를 하여야 한다. 〈개정 2007. 6. 1., 2020. 12. 8.〉

⑫ 체포영장이나 구속영장을 발부한 법관은 제4항부터 제6항까지의 심문ㆍ조사ㆍ결정에 관여할 수 없다. 다만, 체포영장이나 구속영장을 발부한 법관 외에는 심문ㆍ조사ㆍ결정을 할 판사가 없는 경우에는 그러하지 아니하다. 〈개정 2020. 12. 8.〉

⑬법원이 수사 관계 서류와 증거물을 접수한 때부터 결정 후 검찰청에 반환된 때까지의 기간은 제200조의2제5항(제213조의2에 따라 준용되는 경우를 포함한다) 및 제200조의4제1항을 적용할 때에는 그 제한기간에 산입하지 아니하고, 제202조ㆍ제203조 및 제205조를 적용할 때에는 그 구속기간에 산입하지 아니한다. 〈개정 2007. 6. 1., 2020. 12. 8.〉

⑭ 제4항에 따라 피의자를 심문하는 경우에는 제201조의2제6항을 준용한다. 〈개정 2020. 12. 8.〉

[본조신설 1980. 12. 18.]

[제목개정 2020. 12. 8.]

제214조의3(재체포 및 재구속의 제한) ①제214조의2제4항에 따른 체포 또는 구속 적부심사결정에 의하여 석방된 피의자가 도망하거나 범죄의 증거를 인멸하는 경우를 제외하고는 동일한 범죄사실로 재차 체포하거나 구속할 수 없다. 〈개정 2020. 12. 8.〉

②제214조의2제5항에 따라 석방된 피의자에게 다음 각 호의 어느 하나에 해당하는 사유가 있는 경우를 제외하고는 동일한 범죄사실로 재차 체포하거나 구속할 수 없다. 〈신설 1995. 12. 29., 2007. 6. 1., 2020. 12. 8.〉

1. 도망한 때
2. 도망하거나 범죄의 증거를 인멸할 염려가 있다고 믿을 만한 충분한 이유가 있는 때
3. 출석요구를 받고 정당한 이유없이 출석하지 아니한 때
4. 주거의 제한이나 그 밖에 법원이 정한 조건을 위반한 때

[본조신설 1980. 12. 18.]

[제목개정 2020. 12. 8.]

제214조의4(보증금의 몰수) ①법원은 다음 각 호의 1의 경우에 직권 또는 검사의 청구에 의하여 결정으로 제214조의2제5항에 따라 납입된 보증금의 전부 또는 일부를 몰수할 수 있다. 〈개정 2007. 6. 1.〉

1. 제214조의2제5항에 따라 석방된 자를 제214조의3제2항에 열거된 사유로 재차 구속할 때
2. 공소가 제기된 후 법원이 제214조의2제5항에 따라 석방된 자를 동일한 범죄사실에 관하여 재차 구속할 때

②법원은 제214조의2제5항에 따라 석방된 자가 동일한 범죄사실에 관하여 형의 선고를 받고 그 판결이 확정된 후, 집행하기 위한 소환을 받고 정당한 이유없이 출석하지 아니하거나 도망한 때에는

직권 또는 검사의 청구에 의하여 결정으로 보증금의 전부 또는 일부를 몰수하여야 한다. 〈개정 2007. 6. 1.〉

[본조신설 1995. 12. 29.]

제215조(압수, 수색, 검증) ① 검사는 범죄수사에 필요한 때에는 피의자가 죄를 범하였다고 의심할 만한 정황이 있고 해당 사건과 관계가 있다고 인정할 수 있는 것에 한정하여 지방법원판사에게 청구하여 발부받은 영장에 의하여 압수, 수색 또는 검증을 할 수 있다.

② 사법경찰관이 범죄수사에 필요한 때에는 피의자가 죄를 범하였다고 의심할 만한 정황이 있고 해당 사건과 관계가 있다고 인정할 수 있는 것에 한정하여 검사에게 신청하여 검사의 청구로 지방법원판사가 발부한 영장에 의하여 압수, 수색 또는 검증을 할 수 있다.

[전문개정 2011. 7. 18.]

제216조(영장에 의하지 아니한 강제처분) ①검사 또는 사법경찰관은 제200조의2 · 제200조의3 · 제201조 또는 제212조의 규정에 의하여 피의자를 체포 또는 구속하는 경우에 필요한 때에는 영장없이 다음 처분을 할 수 있다. 〈개정 1995. 12. 29., 2019. 12. 31.〉

1. 타인의 주거나 타인이 간수하는 가옥, 건조물, 항공기, 선차 내에서의 피의자 수색. 다만, 제200조의2 또는 제201조에 따라 피의자를 체포 또는 구속하는 경우의 피의자 수색은 미리 수색영장을 발부받기 어려운 긴급한 사정이 있는 때에 한정한다.

2. 체포현장에서의 압수, 수색, 검증

②전항 제2호의 규정은 검사 또는 사법경찰관이 피고인에 대한 구속영장의 집행의 경우에 준용한다.

③범행 중 또는 범행직후의 범죄 장소에서 긴급을 요하여 법원판사의 영장을 받을 수 없는 때에는 영장없이 압수, 수색 또는 검증을 할 수 있다. 이 경우에는 사후에 지체없이 영장을 받아야 한다. 〈신

설 1961. 9. 1.〉

[2019. 12. 31. 법률 제16850호에 의하여 2018. 4. 26. 헌법재판소에서 헌법불합치 결정된 이 조를 개정함.]

제217조(영장에 의하지 아니하는 강제처분) ①검사 또는 사법경찰관은 제200조의3에 따라 체포된 자가 소유·소지 또는 보관하는 물건에 대하여 긴급히 압수할 필요가 있는 경우에는 체포한 때부터 24시간 이내에 한하여 영장 없이 압수·수색 또는 검증을 할 수 있다.

②검사 또는 사법경찰관은 제1항 또는 제216조제1항제2호에 따라 압수한 물건을 계속 압수할 필요가 있는 경우에는 지체 없이 압수수색영장을 청구하여야 한다. 이 경우 압수수색영장의 청구는 체포한 때부터 48시간 이내에 하여야 한다.

③검사 또는 사법경찰관은 제2항에 따라 청구한 압수수색영장을 발부받지 못한 때에는 압수한 물건을 즉시 반환하여야 한다.

[전문개정 2007. 6. 1.]

제218조(영장에 의하지 아니한 압수) 검사, 사법경찰관은 피의자 기타인의 유류한 물건이나 소유자, 소지자 또는 보관자가 임의로 제출한 물건을 영장없이 압수할 수 있다.

제218조의2(압수물의 환부, 가환부) ① 검사는 사본을 확보한 경우 등 압수를 계속할 필요가 없다고 인정되는 압수물 및 증거에 사용할 압수물에 대하여 공소제기 전이라도 소유자, 소지자, 보관자 또는 제출인의 청구가 있는 때에는 환부 또는 가환부하여야 한다.

② 제1항의 청구에 대하여 검사가 이를 거부하는 경우에는 신청인은 해당 검사의 소속 검찰청에 대응한 법원에 압수물의 환부 또는 가환부 결정을 청구할 수 있다.

③ 제2항의 청구에 대하여 법원이 환부 또는 가환부를 결정하면 검사는 신청인에게 압수물을 환부 또는 가환부하여야 한다.

④ 사법경찰관의 환부 또는 가환부 처분에 관하여는 제1항부터 제3항까지의 규정을 준용한다. 이 경우 사법경찰관은 검사의 지휘를 받아야 한다.

[본조신설 2011. 7. 18.]

제219조(준용규정) 제106조, 제107조, 제109조 내지 제112조, 제114조, 제115조제1항 본문, 제2항, 제118조부터 제132조까지, 제134조, 제135조, 제140조, 제141조, 제333조제2항, 제486조의 규정은 검사 또는 사법경찰관의 본장의 규정에 의한 압수, 수색 또는 검증에 준용한다. 단, 사법경찰관이 제130조, 제132조 및 제134조에 따른 처분을 함에는 검사의 지휘를 받아야 한다. 〈개정 1980. 12. 18., 2007. 6. 1., 2011. 7. 18.〉

제220조(요급처분) 제216조의 규정에 의한 처분을 하는 경우에 급속을 요하는 때에는 제123조제2항, 제125조의 규정에 의함을 요하지 아니한다.

제221조(제3자의 출석요구 등) ①검사 또는 사법경찰관은 수사에 필요한 때에는 피의자가 아닌 자의 출석을 요구하여 진술을 들을 수 있다. 이 경우 그의 동의를 받아 영상녹화할 수 있다.

②검사 또는 사법경찰관은 수사에 필요한 때에는 감정·통역 또는 번역을 위촉할 수 있다.

③제163조의2제1항부터 제3항까지는 검사 또는 사법경찰관이 범죄로 인한 피해자를 조사하는 경우에 준용한다.

[전문개정 2007. 6. 1.]

제221조의2(증인신문의 청구) ①범죄의 수사에 없어서는 아니될 사실을 안다고 명백히 인정되는 자가 전조의 규정에 의한 출석 또는 진술을 거부한 경우에는 검사는 제1회 공판기일 전에 한하여 판사에게 그에 대한 증인신문을 청구할 수 있다.

② 삭제 〈2007. 6. 1.〉

③제1항의 청구를 함에는 서면으로 그 사유를 소명하여야 한다. 〈개정 2007. 6. 1.〉

④제1항의 청구를 받은 판사는 증인신문에 관하여 법원 또는 재판장과 동일한 권한이 있다. 〈개정 2007. 6. 1.〉

⑤판사는 제1항의 청구에 따라 증인신문기일을 정한 때에는 피고인·피의자 또는 변호인에게 이를 통지하여 증인신문에 참여할 수 있도록 하여야 한다. 〈개정 2007. 6. 1.〉

⑥판사는 제1항의 청구에 의한 증인신문을 한 때에는 지체없이 이에 관한 서류를 검사에게 송부하여야 한다. 〈개정 2007. 6. 1.〉

[본조신설 1973. 1. 25.]

[94헌바1 1996. 12. 26. 헌법재판소 위헌결정 이전인 1995. 12. 29. 법률 제5054호로 이 조 제5항이 개정되었으나 위 결정으로 이 조 제2항이 무효로 되었으므로 제5항 중 제2항에 관한 부분은 자동효력 상실]

제221조의3(감정의 위촉과 감정유치의 청구) ①검사는 제221조의 규정에 의하여 감정을 위촉하는 경우에 제172조제3항의 유치처분이 필요할 때에는 판사에게 이를 청구하여야 한다. 〈개정 1980. 12. 18.〉

②판사는 제1항의 청구가 상당하다고 인정할 때에는 유치처분을 하여야 한다. 제172조 및 제172조의2의 규정은 이 경우에 준용한다. 〈개정 1980. 12. 18.〉

[본조신설 1973. 1. 25.]

제221조의4(감정에 필요한 처분, 허가장) ①제221조의 규정에 의하여 감정의 위촉을 받은 자는 판사의 허가를 얻어 제173조제1항에 규정된 처분을 할 수 있다.

②제1항의 허가의 청구는 검사가 하여야 한다. 〈개정 1980. 12. 18.〉

③판사는 제2항의 청구가 상당하다고 인정할 때에는 허가장을 발부하여야 한다. 〈개정 1980. 12. 18.〉

④제173조제2항, 제3항 및 제5항의 규정은 제3항의 허가장에 준용한다. 〈개정 1980. 12. 18.〉

[본조신설 1973. 1. 25.]

제221조의5(사법경찰관이 신청한 영장의 청구 여부에 대한 심의) ① 검사가 사법경찰관이 신청한 영장을 정당한 이유 없이 판사에게 청구하지 아니한 경우 사법경찰관은 그 검사 소속의 지방검찰청 소재지를 관할하는 고등검찰청에 영장 청구 여부에 대한 심의를 신청할 수 있다.

② 제1항에 관한 사항을 심의하기 위하여 각 고등검찰청에 영장 심의위원회(이하 이 조에서 "심의위원회"라 한다)를 둔다.

③ 심의위원회는 위원장 1명을 포함한 10명 이내의 외부 위원으로 구성하고, 위원은 각 고등검찰청 검사장이 위촉한다.

④ 사법경찰관은 심의위원회에 출석하여 의견을 개진할 수 있다.

⑤ 심의위원회의 구성 및 운영 등 그 밖에 필요한 사항은 법무부령으로 정한다.

[본조신설 2020. 2. 4.]

제222조(변사자의 검시) ①변사자 또는 변사의 의심있는 사체가 있는 때에는 그 소재지를 관할하는 지방검찰청 검사가 검시하여야 한다.

②전항의 검시로 범죄의 혐의를 인정하고 긴급을 요할 때에는 영장없이 검증할 수 있다. 〈신설 1961. 9. 1.〉

③검사는 사법경찰관에게 전2항의 처분을 명할 수 있다. 〈신설 1961. 9. 1.〉

제223조(고소권자) 범죄로 인한 피해자는 고소할 수 있다.

제224조(고소의 제한) 자기 또는 배우자의 직계존속을 고소하지 못한다.
제225조(비피해자인 고소권자) ①피해자의 법정대리인은 독립하여 고소할 수 있다.
②피해자가 사망한 때에는 그 배우자, 직계친족 또는 형제자매는 고소할 수 있다. 단, 피해자의 명시한 의사에 반하지 못한다.
제226조(동전) 피해자의 법정대리인이 피의자이거나 법정대리인의 친족이 피의자인 때에는 피해자의 친족은 독립하여 고소할 수 있다.
제227조(동전) 사자의 명예를 훼손한 범죄에 대하여는 그 친족 또는 자손은 고소할 수 있다.
제228조(고소권자의 지정) 친고죄에 대하여 고소할 자가 없는 경우에 이해관계인의 신청이 있으면 검사는 10일 이내에 고소할 수 있는 자를 지정하여야 한다.
제229조(배우자의 고소) ①「형법」 제241조의 경우에는 혼인이 해소되거나 이혼소송을 제기한 후가 아니면 고소할 수 없다. 〈개정 2007. 6. 1.〉
②전항의 경우에 다시 혼인을 하거나 이혼소송을 취하한 때에는 고소는 취소된 것으로 간주한다.
제230조(고소기간) ①친고죄에 대하여는 범인을 알게 된 날로부터 6월을 경과하면 고소하지 못한다. 단, 고소할 수 없는 불가항력의 사유가 있는 때에는 그 사유가 없어진 날로부터 기산한다.
② 삭제 〈2013. 4. 5.〉
제231조(수인의 고소권자) 고소할 수 있는 자가 수인인 경우에는 1인의 기간의 해태는 타인의 고소에 영향이 없다.
제232조(고소의 취소) ① 고소는 제1심 판결선고 전까지 취소할 수 있다.

② 고소를 취소한 자는 다시 고소할 수 없다.

③ 피해자의 명시한 의사에 반하여 공소를 제기할 수 없는 사건에서 처벌을 원하는 의사표시를 철회한 경우에도 제1항과 제2항을 준용한다.

[전문개정 2020. 12. 8.]

제233조(고소의 불가분) 친고죄의 공범 중 그 1인 또는 수인에 대한 고소 또는 그 취소는 다른 공범자에 대하여도 효력이 있다.

제234조(고발) ①누구든지 범죄가 있다고 사료하는 때에는 고발할 수 있다.

②공무원은 그 직무를 행함에 있어 범죄가 있다고 사료하는 때에는 고발하여야 한다.

제235조(고발의 제한) 제224조의 규정은 고발에 준용한다.

제236조(대리고소) 고소 또는 그 취소는 대리인으로 하여금하게 할 수 있다.

제237조(고소, 고발의 방식) ①고소 또는 고발은 서면 또는 구술로써 검사 또는 사법경찰관에게 하여야 한다.

②검사 또는 사법경찰관이 구술에 의한 고소 또는 고발을 받은 때에는 조서를 작성하여야 한다.

제238조(고소, 고발과 사법경찰관의 조치) 사법경찰관이 고소 또는 고발을 받은 때에는 신속히 조사하여 관계서류와 증거물을 검사에게 송부하여야 한다.

제239조(준용규정) 전2조의 규정은 고소 또는 고발의 취소에 관하여 준용한다.

제240조(자수와 준용규정) 제237조와 제238조의 규정은 자수에 대하여 준용한다.

제241조(피의자신문) 검사 또는 사법경찰관이 피의자를 신문함에는

먼저 그 성명, 연령, 등록기준지, 주거와 직업을 물어 피의자임에 틀림없음을 확인하여야 한다. 〈개정 2007. 5. 17.〉

제242조(피의자신문사항) 검사 또는 사법경찰관은 피의자에 대하여 범죄사실과 정상에 관한 필요사항을 신문하여야 하며 그 이익되는 사실을 진술할 기회를 주어야 한다.

제243조(피의자신문과 참여자) 검사가 피의자를 신문함에는 검찰청 수사관 또는 서기관이나 서기를 참여하게 하여야 하고 사법경찰관이 피의자를 신문함에는 사법경찰관리를 참여하게 하여야 한다. 〈개정 2007. 6. 1., 2007. 12. 21.〉

제243조의2(변호인의 참여 등) ①검사 또는 사법경찰관은 피의자 또는 그 변호인·법정대리인·배우자·직계친족·형제자매의 신청에 따라 변호인을 피의자와 접견하게 하거나 정당한 사유가 없는 한 피의자에 대한 신문에 참여하게 하여야 한다.

②신문에 참여하고자 하는 변호인이 2인 이상인 때에는 피의자가 신문에 참여할 변호인 1인을 지정한다. 지정이 없는 경우에는 검사 또는 사법경찰관이 이를 지정할 수 있다.

③신문에 참여한 변호인은 신문 후 의견을 진술할 수 있다. 다만, 신문 중이라도 부당한 신문방법에 대하여 이의를 제기할 수 있고, 검사 또는 사법경찰관의 승인을 받아 의견을 진술할 수 있다.

④제3항에 따른 변호인의 의견이 기재된 피의자신문조서는 변호인에게 열람하게 한 후 변호인으로 하여금 그 조서에 기명날인 또는 서명하게 하여야 한다.

⑤검사 또는 사법경찰관은 변호인의 신문참여 및 그 제한에 관한 사항을 피의자신문조서에 기재하여야 한다.

[본조신설 2007. 6. 1.]

제244조(피의자신문조서의 작성) ①피의자의 진술은 조서에 기재하

여야 한다.

②제1항의 조서는 피의자에게 열람하게 하거나 읽어 들려주어야 하며, 진술한 대로 기재되지 아니하였거나 사실과 다른 부분의 유무를 물어 피의자가 증감 또는 변경의 청구 등 이의를 제기하거나 의견을 진술한 때에는 이를 조서에 추가로 기재하여야 한다. 이 경우 피의자가 이의를 제기하였던 부분은 읽을 수 있도록 남겨두어야 한다. 〈개정 2007. 6. 1.〉

③피의자가 조서에 대하여 이의나 의견이 없음을 진술한 때에는 피의자로 하여금 그 취지를 자필로 기재하게 하고 조서에 간인한 후 기명날인 또는 서명하게 한다. 〈개정 2007. 6. 1.〉

제244조의2(피의자진술의 영상녹화) ①피의자의 진술은 영상녹화할 수 있다. 이 경우 미리 영상녹화사실을 알려주어야 하며, 조사의 개시부터 종료까지의 전 과정 및 객관적 정황을 영상녹화하여야 한다.

②제1항에 따른 영상녹화가 완료된 때에는 피의자 또는 변호인 앞에서 지체 없이 그 원본을 봉인하고 피의자로 하여금 기명날인 또는 서명하게 하여야 한다.

③제2항의 경우에 피의자 또는 변호인의 요구가 있는 때에는 영상녹화물을 재생하여 시청하게 하여야 한다. 이 경우 그 내용에 대하여 이의를 진술하는 때에는 그 취지를 기재한 서면을 첨부하여야 한다.

[본조신설 2007. 6. 1.]

제244조의3(진술거부권 등의 고지) ①검사 또는 사법경찰관은 피의자를 신문하기 전에 다음 각 호의 사항을 알려주어야 한다.

1. 일체의 진술을 하지 아니하거나 개개의 질문에 대하여 진술을 하지 아니할 수 있다는 것

2. 진술을 하지 아니하더라도 불이익을 받지 아니한다는 것

3. 진술을 거부할 권리를 포기하고 행한 진술은 법정에서 유죄의 증거로 사용될 수 있다는 것

4. 신문을 받을 때에는 변호인을 참여하게 하는 등 변호인의 조력을 받을 수 있다는 것

②검사 또는 사법경찰관은 제1항에 따라 알려 준 때에는 피의자가 진술을 거부할 권리와 변호인의 조력을 받을 권리를 행사할 것인지의 여부를 질문하고, 이에 대한 피의자의 답변을 조서에 기재하여야 한다. 이 경우 피의자의 답변은 피의자로 하여금 자필로 기재하게 하거나 검사 또는 사법경찰관이 피의자의 답변을 기재한 부분에 기명날인 또는 서명하게 하여야 한다.

[본조신설 2007. 6. 1.]

제244조의4(수사과정의 기록) ①검사 또는 사법경찰관은 피의자가 조사장소에 도착한 시각, 조사를 시작하고 마친 시각, 그 밖에 조사과정의 진행경과를 확인하기 위하여 필요한 사항을 피의자신문조서에 기록하거나 별도의 서면에 기록한 후 수사기록에 편철하여야 한다.

②제244조제2항 및 제3항은 제1항의 조서 또는 서면에 관하여 준용한다.

③제1항 및 제2항은 피의자가 아닌 자를 조사하는 경우에 준용한다.

[본조신설 2007. 6. 1.]

제244조의5(장애인 등 특별히 보호를 요하는 자에 대한 특칙) 검사 또는 사법경찰관은 피의자를 신문하는 경우 다음 각 호의 어느 하나에 해당하는 때에는 직권 또는 피의자·법정대리인의 신청에 따라 피의자와 신뢰관계에 있는 자를 동석하게 할 수 있다.

1. 피의자가 신체적 또는 정신적 장애로 사물을 변별하거나 의사

를 결정·전달할 능력이 미약한 때

2. 피의자의 연령·성별·국적 등의 사정을 고려하여 그 심리적 안정의 도모와 원활한 의사소통을 위하여 필요한 경우

[본조신설 2007. 6. 1.]

제245조(참고인과의 대질) 검사 또는 사법경찰관이 사실을 발견함에 필요한 때에는 피의자와 다른 피의자 또는 피의자 아닌 자와 대질하게 할 수 있다.

제245조의2(전문수사자문위원의 참여) ① 검사는 공소제기 여부와 관련된 사실관계를 분명하게 하기 위하여 필요한 경우에는 직권이나 피의자 또는 변호인의 신청에 의하여 전문수사자문위원을 지정하여 수사절차에 참여하게 하고 자문을 들을 수 있다.

② 전문수사자문위원은 전문적인 지식에 의한 설명 또는 의견을 기재한 서면을 제출하거나 전문적인 지식에 의하여 설명이나 의견을 진술할 수 있다.

③ 검사는 제2항에 따라 전문수사자문위원이 제출한 서면이나 전문수사자문위원의 설명 또는 의견의 진술에 관하여 피의자 또는 변호인에게 구술 또는 서면에 의한 의견진술의 기회를 주어야 한다.

[본조신설 2007. 12. 21.]

제245조의3(전문수사자문위원 지정 등) ① 제245조의2제1항에 따라 전문수사자문위원을 수사절차에 참여시키는 경우 검사는 각 사건마다 1인 이상의 전문수사자문위원을 지정한다.

② 검사는 상당하다고 인정하는 때에는 전문수사자문위원의 지정을 취소할 수 있다.

③ 피의자 또는 변호인은 검사의 전문수사자문위원 지정에 대하여 관할 고등검찰청검사장에게 이의를 제기할 수 있다.

④ 전문수사자문위원에게는 수당을 지급하고, 필요한 경우에는 그

밖의 여비, 일당 및 숙박료를 지급할 수 있다.

⑤ 전문수사자문위원의 지정 및 지정취소, 이의제기 절차 및 방법, 수당지급, 그 밖에 필요한 사항은 법무부령으로 정한다.

[본조신설 2007. 12. 21.]

제245조의4(준용규정) 제279조의7 및 제279조의8은 검사의 전문수사자문위원에게 준용한다.

[본조신설 2007. 12. 21.]

제245조의5(사법경찰관의 사건송치 등) 사법경찰관은 고소·고발 사건을 포함하여 범죄를 수사한 때에는 다음 각 호의 구분에 따른다.

1. 범죄의 혐의가 있다고 인정되는 경우에는 지체 없이 검사에게 사건을 송치하고, 관계 서류와 증거물을 검사에게 송부하여야 한다.

2. 그 밖의 경우에는 그 이유를 명시한 서면과 함께 관계 서류와 증거물을 지체 없이 검사에게 송부하여야 한다. 이 경우 검사는 송부받은 날부터 90일 이내에 사법경찰관에게 반환하여야 한다.

[본조신설 2020. 2. 4.]

제245조의6(고소인 등에 대한 송부통지) 사법경찰관은 제245조의5 제2호의 경우에는 그 송부한 날부터 7일 이내에 서면으로 고소인·고발인·피해자 또는 그 법정대리인(피해자가 사망한 경우에는 그 배우자·직계친족·형제자매를 포함한다)에게 사건을 검사에게 송치하지 아니하는 취지와 그 이유를 통지하여야 한다.

[본조신설 2020. 2. 4.]

제245조의7(고소인 등의 이의신청) ① 제245조의6의 통지를 받은 사람(고발인을 제외한다)은 해당 사법경찰관의 소속 관서의 장에게 이의를 신청할 수 있다. 〈개정 2022. 5. 9.〉

② 사법경찰관은 제1항의 신청이 있는 때에는 지체 없이 검사에게 사건을 송치하고 관계 서류와 증거물을 송부하여야 하며, 처리결

과와 그 이유를 제1항의 신청인에게 통지하여야 한다.

[본조신설 2020. 2. 4.]

제245조의8(재수사요청 등) ① 검사는 제245조의5제2호의 경우에 사법경찰관이 사건을 송치하지 아니한 것이 위법 또는 부당한 때에는 그 이유를 문서로 명시하여 사법경찰관에게 재수사를 요청할 수 있다.

② 사법경찰관은 제1항의 요청이 있는 때에는 사건을 재수사하여야 한다.

[본조신설 2020. 2. 4.]

제245조의9(검찰청 직원) ① 검찰청 직원으로서 사법경찰관리의 직무를 행하는 자와 그 직무의 범위는 법률로 정한다.

② 사법경찰관의 직무를 행하는 검찰청 직원은 검사의 지휘를 받아 수사하여야 한다.

③ 사법경찰리의 직무를 행하는 검찰청 직원은 검사 또는 사법경찰관의 직무를 행하는 검찰청 직원의 수사를 보조하여야 한다.

④ 사법경찰관리의 직무를 행하는 검찰청 직원에 대하여는 제197조의2부터 제197조의4까지, 제221조의5, 제245조의5부터 제245조의8까지의 규정을 적용하지 아니한다.

[본조신설 2020. 2. 4.]

제245조의10(특별사법경찰관리) ① 삼림, 해사, 전매, 세무, 군수사기관, 그 밖에 특별한 사항에 관하여 사법경찰관리의 직무를 행할 특별사법경찰관리와 그 직무의 범위는 법률로 정한다.

② 특별사법경찰관은 모든 수사에 관하여 검사의 지휘를 받는다.

③ 특별사법경찰관은 범죄의 혐의가 있다고 인식하는 때에는 범인, 범죄사실과 증거에 관하여 수사를 개시·진행하여야 한다.

④ 특별사법경찰관리는 검사의 지휘가 있는 때에는 이에 따라야 한다. 검사의 지휘에 관한 구체적 사항은 법무부령으로 정한다.

⑤ 특별사법경찰관은 범죄를 수사한 때에는 지체 없이 검사에게 사건을 송치하고, 관계 서류와 증거물을 송부하여야 한다.

⑥ 특별사법경찰관리에 대하여는 제197조의2부터 제197조의4까지, 제221조의5, 제245조의5부터 제245조의8까지의 규정을 적용하지 아니한다.

[본조신설 2020. 2. 4.]

제2장 공소

제246조(국가소추주의) 공소는 검사가 제기하여 수행한다.

제247조(기소편의주의) 검사는「형법」 제51조의 사항을 참작하여 공소를 제기하지 아니할 수 있다.

[전문개정 2007. 6. 1.]

제248조(공소의 효력 범위) ①공소의 효력은 검사가 피고인으로 지정한 자에게만 미친다. 〈개정 2020. 12. 8.〉

②범죄사실의 일부에 대한 공소의 효력은 범죄사실 전부에 미친다. 〈개정 2020. 12. 8.〉

[전문개정 2007. 6. 1.]

[제목개정 2020. 12. 8.]

제249조(공소시효의 기간) ①공소시효는 다음 기간의 경과로 완성한다. 〈개정 1973. 1. 25., 2007. 12. 21.〉

1. 사형에 해당하는 범죄에는 25년
2. 무기징역 또는 무기금고에 해당하는 범죄에는 15년
3. 장기 10년 이상의 징역 또는 금고에 해당하는 범죄에는 10년
4. 장기 10년 미만의 징역 또는 금고에 해당하는 범죄에는 7년
5. 장기 5년 미만의 징역 또는 금고, 장기10년 이상의 자격정지 또는 벌금에 해당하는 범죄에는 5년

6. 장기 5년 이상의 자격정지에 해당하는 범죄에는 3년

7. 장기 5년 미만의 자격정지, 구류, 과료 또는 몰수에 해당하는 범죄에는 1년

②공소가 제기된 범죄는 판결의 확정이 없이 공소를 제기한 때로부터 25년을 경과하면 공소시효가 완성한 것으로 간주한다. 〈신설 1961. 9. 1., 2007. 12. 21.〉

제250조(두 개 이상의 형과 시효기간) 두 개 이상의 형을 병과(倂科)하거나 두 개 이상의 형에서 한 개를 과(科)할 범죄에 대해서는 무거운 형에 의하여 제249조를 적용한다.

[전문개정 2020. 12. 8.]

제251조(형의 가중, 감경과 시효기간) 「형법」에 의하여 형을 가중 또는 감경한 경우에는 가중 또는 감경하지 아니한 형에 의하여 제249조의 규정을 적용한다. 〈개정 2007. 6. 1.〉

제252조(시효의 기산점) ①시효는 범죄행위의 종료한 때로부터 진행한다.

②공범에는 최종행위의 종료한 때로부터 전공범에 대한 시효기간을 기산한다.

제253조(시효의 정지와 효력) ①시효는 공소의 제기로 진행이 정지되고 공소기각 또는 관할위반의 재판이 확정된 때로부터 진행한다. 〈개정 1961. 9. 1.〉

②공범의 1인에 대한 전항의 시효정지는 다른 공범자에게 대하여 효력이 미치고 당해 사건의 재판이 확정된 때로부터 진행한다. 〈개정 1961. 9. 1.〉

③범인이 형사처분을 면할 목적으로 국외에 있는 경우 그 기간 동안 공소시효는 정지된다. 〈신설 1995. 12. 29.〉

④ 피고인이 형사처분을 면할 목적으로 국외에 있는 경우 그 기

간 동안 제249조제2항에 따른 기간의 진행은 정지된다. 〈신설 2024. 2. 13.〉

제253조의2(공소시효의 적용 배제) 사람을 살해한 범죄(종범은 제외한다)로 사형에 해당하는 범죄에 대하여는 제249조부터 제253조까지에 규정된 공소시효를 적용하지 아니한다.

[본조신설 2015. 7. 31.]

제254조(공소제기의 방식과 공소장) ①공소를 제기함에는 공소장을 관할법원에 제출하여야 한다.

②공소장에는 피고인수에 상응한 부본을 첨부하여야 한다.

③공소장에는 다음 사항을 기재하여야 한다.

1. 피고인의 성명 기타 피고인을 특정할 수 있는 사항
2. 죄명
3. 공소사실
4. 적용법조

④공소사실의 기재는 범죄의 시일, 장소와 방법을 명시하여 사실을 특정할 수 있도록 하여야 한다.

⑤수개의 범죄사실과 적용법조를 예비적 또는 택일적으로 기재할 수 있다.

제255조(공소의 취소) ①공소는 제1심판결의 선고 전까지 취소할 수 있다.

②공소취소는 이유를 기재한 서면으로 하여야 한다. 단, 공판정에서는 구술로써 할 수 있다.

제256조(타관송치) 검사는 사건이 그 소속검찰청에 대응한 법원의 관할에 속하지 아니한 때에는 사건을 서류와 증거물과 함께 관할법원에 대응한 검찰청검사에게 송치하여야 한다.

제256조의2(군검사에의 사건송치) 검사는 사건이 군사법원의 재판권

에 속하는 때에는 사건을 서류와 증거물과 함께 재판권을 가진 관할 군검찰부 군검사에게 송치하여야 한다. 이 경우에 송치전에 행한 소송행위는 송치후에도 그 효력에 영향이 없다. 〈개정 1987. 11. 28., 2016. 1. 6.〉

[본조신설 1973. 1. 25.]

[제목개정 2016. 1. 6.]

第257조(고소등에 의한 사건의 처리) 검사가 고소 또는 고발에 의하여 범죄를 수사할 때에는 고소 또는 고발을 수리한 날로부터 3월 이내에 수사를 완료하여 공소제기여부를 결정하여야 한다.

第258조(고소인등에의 처분고지) ①검사는 고소 또는 고발있는 사건에 관하여 공소를 제기하거나 제기하지 아니하는 처분, 공소의 취소 또는 제256조의 송치를 한 때에는 그 처분한 날로부터 7일 이내에 서면으로 고소인 또는 고발인에게 그 취지를 통지하여야 한다.

②검사는 불기소 또는 제256조의 처분을 한 때에는 피의자에게 즉시 그 취지를 통지하여야 한다.

第259조(고소인등에의 공소불제기이유고지) 검사는 고소 또는 고발있는 사건에 관하여 공소를 제기하지 아니하는 처분을 한 경우에 고소인 또는 고발인의 청구가 있는 때에는 7일 이내에 고소인 또는 고발인에게 그 이유를 서면으로 설명하여야 한다.

第259조의2(피해자 등에 대한 통지) 검사는 범죄로 인한 피해자 또는 그 법정대리인(피해자가 사망한 경우에는 그 배우자·직계친족·형제자매를 포함한다)의 신청이 있는 때에는 당해 사건의 공소제기여부, 공판의 일시·장소, 재판결과, 피의자·피고인의 구속·석방 등 구금에 관한 사실 등을 신속하게 통지하여야 한다.

[본조신설 2007. 6. 1.]

第260조(재정신청) ①고소권자로서 고소를 한 자(「형법」 제123조부터 제126조까지의 죄에 대하여는 고발을 한 자를 포함한다. 이하 이 조에서 같다)는 검사로부터 공소를 제기하지 아니한다는 통지를 받은 때에는 그 검사 소속의 지방검찰청 소재지를 관할하는 고등법원(이하 "관할 고등법원"이라 한다)에 그 당부에 관한 재정을 신청할 수 있다. 다만, 「형법」 제126조의 죄에 대하여는 피공표자의 명시한 의사에 반하여 재정을 신청할 수 없다. 〈개정 2011. 7. 18.〉

②제1항에 따른 재정신청을 하려면 「검찰청법」 제10조에 따른 항고를 거쳐야 한다. 다만, 다음 각 호의 어느 하나에 해당하는 경우에는 그러하지 아니하다.

1. 항고 이후 재기수사가 이루어진 다음에 다시 공소를 제기하지 아니한다는 통지를 받은 경우

2. 항고 신청 후 항고에 대한 처분이 행하여지지 아니하고 3개월이 경과한 경우

3. 검사가 공소시효 만료일 30일 전까지 공소를 제기하지 아니하는 경우

③제1항에 따른 재정신청을 하려는 자는 항고기각 결정을 통지받은 날 또는 제2항 각 호의 사유가 발생한 날부터 10일 이내에 지방검찰청검사장 또는 지청장에게 재정신청서를 제출하여야 한다. 다만, 제2항제3호의 경우에는 공소시효 만료일 전날까지 재정신청서를 제출할 수 있다.

④ 재정신청서에는 재정신청의 대상이 되는 사건의 범죄사실 및 증거 등 재정신청을 이유있게 하는 사유를 기재하여야 한다.

[전문개정 2007. 6. 1.]

제261조(지방검찰청검사장 등의 처리) 제260조제3항에 따라 재정신청서를 제출받은 지방검찰청검사장 또는 지청장은 재정신청서를 제출받은 날부터 7일 이내에 재정신청서·의견서·수사 관계 서류 및

증거물을 관할 고등검찰청을 경유하여 관할 고등법원에 송부하여야 한다. 다만, 제260조제2항 각 호의 어느 하나에 해당하는 경우에는 지방검찰청검사장 또는 지청장은 다음의 구분에 따른다.

1. 신청이 이유 있는 것으로 인정하는 때에는 즉시 공소를 제기하고 그 취지를 관할 고등법원과 재정신청인에게 통지한다.

2. 신청이 이유 없는 것으로 인정하는 때에는 30일 이내에 관할 고등법원에 송부한다.

[전문개정 2007. 6. 1.]

제262조(심리와 결정) ①법원은 재정신청서를 송부받은 때에는 송부받은 날부터 10일 이내에 피의자에게 그 사실을 통지하여야 한다.

②법원은 재정신청서를 송부받은 날부터 3개월 이내에 항고의 절차에 준하여 다음 각 호의 구분에 따라 결정한다. 이 경우 필요한 때에는 증거를 조사할 수 있다.

1. 신청이 법률상의 방식에 위배되거나 이유 없는 때에는 신청을 기각한다.

2. 신청이 이유 있는 때에는 사건에 대한 공소제기를 결정한다.

③재정신청사건의 심리는 특별한 사정이 없는 한 공개하지 아니한다.

④제2항제1호의 결정에 대하여는 제415조에 따른 즉시항고를 할 수 있고, 제2항제2호의 결정에 대하여는 불복할 수 없다. 제2항제1호의 결정이 확정된 사건에 대하여는 다른 중요한 증거를 발견한 경우를 제외하고는 소추할 수 없다. 〈개정 2016. 1. 6.〉

⑤법원은 제2항의 결정을 한 때에는 즉시 그 정본을 재정신청인·피의자와 관할 지방검찰청검사장 또는 지청장에게 송부하여야 한다. 이 경우 제2항제2호의 결정을 한 때에는 관할 지방검찰청검사장 또는 지청장에게 사건기록을 함께 송부하여야 한다.

⑥제2항제2호의 결정에 따른 재정결정서를 송부받은 관할 지방검찰청 검사장 또는 지청장은 지체 없이 담당 검사를 지정하고 지정받은 검사는 공소를 제기하여야 한다.

[전문개정 2007. 6. 1.]

제262조의2(재정신청사건 기록의 열람·등사 제한) 재정신청사건의 심리 중에는 관련 서류 및 증거물을 열람 또는 등사할 수 없다. 다만, 법원은 제262조제2항 후단의 증거조사과정에서 작성된 서류의 전부 또는 일부의 열람 또는 등사를 허가할 수 있다.

[본조신설 2007. 6. 1.]

[종전 제262조의2는 제262조의4로 이동 〈2007. 6. 1.〉]

제262조의3(비용부담 등) ①법원은 제262조제2항제1호의 결정 또는 제264조제2항의 취소가 있는 경우에는 결정으로 재정신청인에게 신청절차에 의하여 생긴 비용의 전부 또는 일부를 부담하게 할 수 있다.

②법원은 직권 또는 피의자의 신청에 따라 재정신청인에게 피의자가 재정신청절차에서 부담하였거나 부담할 변호인선임료 등 비용의 전부 또는 일부의 지급을 명할 수 있다.

③제1항 및 제2항의 결정에 대하여는 즉시항고를 할 수 있다.

④제1항 및 제2항에 따른 비용의 지급범위와 절차 등에 대하여는 대법원규칙으로 정한다.

[본조신설 2007. 6. 1.]

제262조의4(공소시효의 정지 등) ①제260조에 따른 재정신청이 있으면 제262조에 따른 재정결정이 확정될 때까지 공소시효의 진행이 정지된다. 〈개정 2007. 12. 21., 2016. 1. 6.〉

②제262조제2항제2호의 결정이 있는 때에는 공소시효에 관하여 그 결정이 있는 날에 공소가 제기된 것으로 본다.

[전문개정 2007. 6. 1.]

[제262조의2에서 이동 〈2007. 6. 1.〉]

제263조 삭제 〈2007. 6. 1.〉

제264조(대리인에 의한 신청과 1인의 신청의 효력, 취소) ①재정신청은 대리인에 의하여 할 수 있으며 공동신청권자 중 1인의 신청은 그 전원을 위하여 효력을 발생한다.

②재정신청은 제262조제2항의 결정이 있을 때까지 취소할 수 있다. 취소한 자는 다시 재정신청을 할 수 없다. 〈개정 2007. 6. 1.〉

③전항의 취소는 다른 공동신청권자에게 효력을 미치지 아니한다.

제264조의2(공소취소의 제한) 검사는 제262조제2항제2호의 결정에 따라 공소를 제기한 때에는 이를 취소할 수 없다.

[본조신설 2007. 6. 1.]

제265조 삭제 〈2007. 6. 1.〉

제3장 공판

제1절 공판준비와 공판절차

제266조(공소장부본의 송달) 법원은 공소의 제기가 있는 때에는 지체없이 공소장의 부본을 피고인 또는 변호인에게 송달하여야 한다. 단, 제1회 공판기일 전 5일까지 송달하여야 한다.

제266조의2(의견서의 제출) ①피고인 또는 변호인은 공소장 부본을 송달받은 날부터 7일 이내에 공소사실에 대한 인정 여부, 공판준비절차에 관한 의견 등을 기재한 의견서를 법원에 제출하여야 한다. 다만, 피고인이 진술을 거부하는 경우에는 그 취지를 기재한 의견서를 제출할 수 있다.

②법원은 제1항의 의견서가 제출된 때에는 이를 검사에게 송부하여야 한다.

[본조신설 2007. 6. 1.]

제266조의3(공소제기 후 검사가 보관하고 있는 서류 등의 열람·등사) ①피고인 또는 변호인은 검사에게 공소제기된 사건에 관한 서류 또는 물건(이하 "서류등"이라 한다)의 목록과 공소사실의 인정 또는 양형에 영향을 미칠 수 있는 다음 서류등의 열람·등사 또는 서면의 교부를 신청할 수 있다. 다만, 피고인에게 변호인이 있는 경우에는 피고인은 열람만을 신청할 수 있다.

1. 검사가 증거로 신청할 서류등
2. 검사가 증인으로 신청할 사람의 성명·사건과의 관계 등을 기재한 서면 또는 그 사람이 공판기일 전에 행한 진술을 기재한 서류등
3. 제1호 또는 제2호의 서면 또는 서류등의 증명력과 관련된 서류등
4. 피고인 또는 변호인이 행한 법률상·사실상 주장과 관련된 서류등(관련 형사재판확정기록, 불기소처분기록 등을 포함한다)

②검사는 국가안보, 증인보호의 필요성, 증거인멸의 염려, 관련 사건의 수사에 장애를 가져올 것으로 예상되는 구체적인 사유 등 열람·등사 또는 서면의 교부를 허용하지 아니할 상당한 이유가 있다고 인정하는 때에는 열람·등사 또는 서면의 교부를 거부하거나 그 범위를 제한할 수 있다.

③검사는 열람·등사 또는 서면의 교부를 거부하거나 그 범위를 제한하는 때에는 지체 없이 그 이유를 서면으로 통지하여야 한다.

④ 피고인 또는 변호인은 검사가 제1항의 신청을 받은 때부터 48시간 이내에 제3항의 통지를 하지 아니하는 때에는 제266조의4제1항의 신청을 할 수 있다.

⑤검사는 제2항에도 불구하고 서류등의 목록에 대하여는 열람 또는 등사를 거부할 수 없다.

⑥제1항의 서류등은 도면 · 사진 · 녹음테이프 · 비디오테이프 · 컴퓨터용 디스크, 그 밖에 정보를 담기 위하여 만들어진 물건으로서 문서가 아닌 특수매체를 포함한다. 이 경우 특수매체에 대한 등사는 필요 최소한의 범위에 한한다.

[본조신설 2007. 6. 1.]

제266조의4(법원의 열람 · 등사에 관한 결정) ①피고인 또는 변호인은 검사가 서류등의 열람 · 등사 또는 서면의 교부를 거부하거나 그 범위를 제한한 때에는 법원에 그 서류등의 열람 · 등사 또는 서면의 교부를 허용하도록 할 것을 신청할 수 있다.

②법원은 제1항의 신청이 있는 때에는 열람 · 등사 또는 서면의 교부를 허용하는 경우에 생길 폐해의 유형 · 정도, 피고인의 방어 또는 재판의 신속한 진행을 위한 필요성 및 해당 서류등의 중요성 등을 고려하여 검사에게 열람 · 등사 또는 서면의 교부를 허용할 것을 명할 수 있다. 이 경우 열람 또는 등사의 시기 · 방법을 지정하거나 조건 · 의무를 부과할 수 있다.

③법원은 제2항의 결정을 하는 때에는 검사에게 의견을 제시할 수 있는 기회를 부여하여야 한다.

④법원은 필요하다고 인정하는 때에는 검사에게 해당 서류등의 제시를 요구할 수 있고, 피고인이나 그 밖의 이해관계인을 심문할 수 있다.

⑤검사는 제2항의 열람 · 등사 또는 서면의 교부에 관한 법원의 결정을 지체 없이 이행하지 아니하는 때에는 해당 증인 및 서류등에 대한 증거신청을 할 수 없다.

[본조신설 2007. 6. 1.]

제266조의5(공판준비절차) ①재판장은 효율적이고 집중적인 심리를 위하여 사건을 공판준비절차에 부칠 수 있다.

②공판준비절차는 주장 및 입증계획 등을 서면으로 준비하게 하거나 공판준비기일을 열어 진행한다.

③검사, 피고인 또는 변호인은 증거를 미리 수집·정리하는 등 공판준비절차가 원활하게 진행될 수 있도록 협력하여야 한다.

[본조신설 2007. 6. 1.]

제266조의6(공판준비를 위한 서면의 제출) ①검사, 피고인 또는 변호인은 법률상·사실상 주장의 요지 및 입증취지 등이 기재된 서면을 법원에 제출할 수 있다.

②재판장은 검사, 피고인 또는 변호인에 대하여 제1항에 따른 서면의 제출을 명할 수 있다.

③법원은 제1항 또는 제2항에 따라 서면이 제출된 때에는 그 부본을 상대방에게 송달하여야 한다.

④재판장은 검사, 피고인 또는 변호인에게 공소장 등 법원에 제출된 서면에 대한 설명을 요구하거나 그 밖에 공판준비에 필요한 명령을 할 수 있다.

[본조신설 2007. 6. 1.]

제266조의7(공판준비기일) ①법원은 검사, 피고인 또는 변호인의 의견을 들어 공판준비기일을 지정할 수 있다.

②검사, 피고인 또는 변호인은 법원에 대하여 공판준비기일의 지정을 신청할 수 있다. 이 경우 당해 신청에 관한 법원의 결정에 대하여는 불복할 수 없다.

③법원은 합의부원으로 하여금 공판준비기일을 진행하게 할 수 있다. 이 경우 수명법관은 공판준비기일에 관하여 법원 또는 재판장과 동일한 권한이 있다.

④공판준비기일은 공개한다. 다만, 공개하면 절차의 진행이 방해될 우려가 있는 때에는 공개하지 아니할 수 있다.

[본조신설 2007. 6. 1.]

제266조의8(검사 및 변호인 등의 출석) ①공판준비기일에는 검사 및 변호인이 출석하여야 한다.

②공판준비기일에는 법원사무관등이 참여한다.

③법원은 검사, 피고인 및 변호인에게 공판준비기일을 통지하여야 한다.

④법원은 공판준비기일이 지정된 사건에 관하여 변호인이 없는 때에는 직권으로 변호인을 선정하여야 한다.

⑤법원은 필요하다고 인정하는 때에는 피고인을 소환할 수 있으며, 피고인은 법원의 소환이 없는 때에도 공판준비기일에 출석할 수 있다.

⑥재판장은 출석한 피고인에게 진술을 거부할 수 있음을 알려주어야 한다.

[본조신설 2007. 6. 1.]

제266조의9(공판준비에 관한 사항) ①법원은 공판준비절차에서 다음 행위를 할 수 있다.

1. 공소사실 또는 적용법조를 명확하게 하는 행위

2. 공소사실 또는 적용법조의 추가·철회 또는 변경을 허가하는 행위

3. 공소사실과 관련하여 주장할 내용을 명확히 하여 사건의 쟁점을 정리하는 행위

4. 계산이 어렵거나 그 밖에 복잡한 내용에 관하여 설명하도록 하는 행위

5. 증거신청을 하도록 하는 행위

6. 신청된 증거와 관련하여 입증 취지 및 내용 등을 명확하게 하는 행위

7. 증거신청에 관한 의견을 확인하는 행위

8. 증거 채부(採否)의 결정을 하는 행위

9. 증거조사의 순서 및 방법을 정하는 행위

10. 서류등의 열람 또는 등사와 관련된 신청의 당부를 결정하는 행위

11. 공판기일을 지정 또는 변경하는 행위

12. 그 밖에 공판절차의 진행에 필요한 사항을 정하는 행위

②제296조 및 제304조는 공판준비절차에 관하여 준용한다.

[본조신설 2007. 6. 1.]

제266조의10(공판준비기일 결과의 확인) ①법원은 공판준비기일을 종료하는 때에는 검사, 피고인 또는 변호인에게 쟁점 및 증거에 관한 정리결과를 고지하고, 이에 대한 이의의 유무를 확인하여야 한다.

②법원은 쟁점 및 증거에 관한 정리결과를 공판준비기일조서에 기재하여야 한다.

[본조신설 2007. 6. 1.]

제266조의11(피고인 또는 변호인이 보관하고 있는 서류등의 열람·등사) ①검사는 피고인 또는 변호인이 공판기일 또는 공판준비절차에서 현장부재·심신상실 또는 심신미약 등 법률상·사실상의 주장을 한 때에는 피고인 또는 변호인에게 다음 서류등의 열람·등사 또는 서면의 교부를 요구할 수 있다.

1. 피고인 또는 변호인이 증거로 신청할 서류등

2. 피고인 또는 변호인이 증인으로 신청할 사람의 성명, 사건과의 관계 등을 기재한 서면

3. 제1호의 서류등 또는 제2호의 서면의 증명력과 관련된 서류등

4. 피고인 또는 변호인이 행한 법률상·사실상의 주장과 관련된 서류등

②피고인 또는 변호인은 검사가 제266조의3제1항에 따른 서류등의 열람·등사 또는 서면의 교부를 거부한 때에는 제1항에 따른 서류등의 열람·등사 또는 서면의 교브를 거부할 수 있다. 다만, 법원이 제266조의4제1항에 따른 신청을 기각하는 결정을 한 때에는 그러하지 아니하다.

③검사는 피고인 또는 변호인이 제1항에 따른 요구를 거부한 때에는 법원에 그 서류등의 열람· 등사 또는 서면의 교부를 허용하도록 할 것을 신청할 수 있다.

④제266조의4제2항부터 제5항까지의 규정은 제3항의 신청이 있는 경우에 준용한다.

⑤제1항에 따른 서류등에 관하여는 제266조의3제6항을 준용한다.

[본조신설 2007. 6. 1.]

제266조의12(공판준비절차의 종결사유) 법원은 다음 각 호의 어느 하나에 해당하는 사유가 있는 때에는 공판준비절차를 종결하여야 한다. 다만, 제2호 또는 제3호에 해당하는 경우로서 공판의 준비를 계속하여야 할 상당한 이유가 있는 때에는 그러하지 아니하다.

1. 쟁점 및 증거의 정리가 완료된 때
2. 사건을 공판준비절차에 부친 뒤 3개월이 지난 때
3. 검사·변호인 또는 소환받은 피고인이 출석하지 아니한 때

[본조신설 2007. 6. 1.]

제266조의13(공판준비기일 종결의 효과) ①공판준비기일에서 신청하지 못한 증거는 다음 각 호의 어느 하나에 해당하는 경우에 한하여 공판기일에 신청할 수 있다.

1. 그 신청으로 인하여 소송을 현저히 지연시키지 아니하는 때
2. 중대한 과실 없이 공판준비기일에 제출하지 못하는 등 부득이한 사유를 소명한 때

②제1항에도 불구하고 법원은 직권으로 증거를 조사할 수 있다.

[본조신설 2007. 6. 1.]

제266조의14(준용규정) 제305조는 공판준비기일의 재개에 관하여 준용한다.

[본조신설 2007. 6. 1.]

제266조의15(기일간 공판준비절차) 법원은 쟁점 및 증거의 정리를 위하여 필요한 경우에는 제1회 공판기일 후에도 사건을 공판준비절차에 부칠 수 있다. 이 경우 기일전 공판준비절차에 관한 규정을 준용한다.

[본조신설 2007. 6. 1.]

제266조의16(열람·등사된 서류등의 남용금지) ①피고인 또는 변호인(피고인 또는 변호인이었던 자를 포함한다. 이하 이 조에서 같다)은 검사가 열람 또는 등사하도록 한 제266조의3제1항에 따른 서면 및 서류등의 사본을 당해 사건 또는 관련 소송의 준비에 사용할 목적이 아닌 다른 목적으로 다른 사람에게 교부 또는 제시(전기통신설비를 이용하여 제공하는 것을 포함한다)하여서는 아니 된다.

②피고인 또는 변호인이 제1항을 위반하는 때에는 1년 이하의 징역 또는 500만원 이하의 벌금에 처한다.

[본조신설 2007. 6. 1.]

제266조의17(비디오 등 중계장치 등에 의한 공판준비기일) ① 법원은 피고인이 출석하지 아니하는 경우 상당하다고 인정하는 때에는 검사와 변호인의 의견을 들어 비디오 등 중계장치에 의한 중계시설을 통하거나 인터넷 화상장치를 이용하여 공판준비기일을 열 수 있다.

② 제1항에 따른 기일은 검사와 변호인이 법정에 출석하여 이루어진 공판준비기일로 본다.

③ 제1항에 따른 기일의 절차와 방법, 그 밖에 필요한 사항은 대

법원규칙으로 정한다.

[본조신설 2021. 8. 17.]

第267조(공판기일의 지정) ①재판장은 공판기일을 정하여야 한다.

②공판기일에는 피고인, 대표자 또는 대리인을 소환하여야 한다.

③공판기일은 검사, 변호인과 보조인에게 통지하여야 한다.

第267조의2(집중심리) ①공판기일의 심리는 집중되어야 한다.

②심리에 2일 이상이 필요한 경우에는 부득이한 사정이 없는 한 매일 계속 개정하여야 한다.

③재판장은 여러 공판기일을 일괄하여 지정할 수 있다.

④재판장은 부득이한 사정으로 매일 계속 개정하지 못하는 경우에도 특별한 사정이 없는 한 전회의 공판기일부터 14일 이내로 다음 공판기일을 지정하여야 한다.

⑤소송관계인은 기일을 준수하고 심리에 지장을 초래하지 아니하도록 하여야 하며, 재판장은 이에 필요한 조치를 할 수 있다.

[본조신설 2007. 6. 1.]

第268조(소환장송달의 의제) 법원의 구내에 있는 피고인에 대하여 공판기일을 통지한 때에는 소환장송달의 효력이 있다.

第269조(제1회 공판기일의 유예기간) ①제1회 공판기일은 소환장의 송달 후 5일 이상의 유예기간을 두어야 한다.

②피고인이 이의없는 때에는 전항의 유예기간을 두지 아니할 수 있다.

第270조(공판기일의 변경) ①재판장은 직권 또는 검사, 피고인이나 변호인의 신청에 의하여 공판기일을 변경할 수 있다.

②공판기일 변경신청을 기각한 명령은 송달하지 아니한다.

第271조(불출석사유, 자료의 제출) 공판기일에 소환 또는 통지서를 받은 자가 질병 기타의 사유로 출석하지 못할 때에는 의사의 진단서 기타의 자료를 제출하여야 한다.

제272조(공무소등에 대한 조회) ①법원은 직권 또는 검사, 피고인이나 변호인의 신청에 의하여 공무소 또는 공사단체에 조회하여 필요한 사항의 보고 또는 그 보관서류의 송부를 요구할 수 있다.

②전항의 신청을 기각함에는 결정으로 하여야 한다.

제273조(공판기일 전의 증거조사) ①법원은 검사, 피고인 또는 변호인의 신청에 의하여 공판준비에 필요하다고 인정한 때에는 공판기일 전에 피고인 또는 증인을 신문할 수 있고 검증, 감정 또는 번역을 명할 수 있다.

②재판장은 부원으로 하여금 전항의 행위를 하게 할 수 있다.

③제1항의 신청을 기각함에는 결정으로 하여야 한다.

제274조(당사자의 공판기일 전의 증거제출) 검사, 피고인 또는 변호인은 공판기일 전에 서류나 물건을 증거로 법원에 제출할 수 있다. 〈개정 1961. 9. 1.〉

제275조(공판정의 심리) ①공판기일에는 공판정에서 심리한다.

②공판정은 판사와 검사, 법원사무관등이 출석하여 개정한다. 〈개정 2007. 6. 1.〉

③검사의 좌석과 피고인 및 변호인의 좌석은 대등하며, 법대의 좌우측에 마주 보고 위치하고, 증인의 좌석은 법대의 정면에 위치한다. 다만, 피고인신문을 하는 때에는 피고인은 증인석에 좌석한다. 〈개정 2007. 6. 1.〉

제275조의2(피고인의 무죄추정) 피고인은 유죄의 판결이 확정될 때까지는 무죄로 추정된다.

[본조신설 1980. 12. 18.]

제275조의3(구두변론주의) 공판정에서의 변론은 구두로 하여야 한다.

[본조신설 2007. 6. 1.]

제276조(피고인의 출석권) 피고인이 공판기일에 출석하지 아니한 때에는 특별한 규정이 없으면 개정하지 못한다. 단, 피고인이 법인인 경우에는 대리인을 출석하게 할 수 있다.

제276조의2(장애인 등 특별히 보호를 요하는 자에 대한 특칙) ①재판장 또는 법관은 피고인을 신문하는 경우 다음 각 호의 어느 하나에 해당하는 때에는 직권 또는 피고인·법정대리인·검사의 신청에 따라 피고인과 신뢰관계에 있는 자를 동석하게 할 수 있다.

1. 피고인이 신체적 또는 정신적 장애로 사물을 변별하거나 의사를 결정·전달할 능력이 미약한 경우

2. 피고인의 연령·성별·국적 등의 사정을 고려하여 그 심리적 안정의 도모와 원활한 의사소통을 위하여 필요한 경우

②제1항에 따라 동석할 수 있는 신뢰관계에 있는 자의 범위, 동석의 절차 및 방법 등에 관하여 필요한 사항은 대법원규칙으로 정한다.

[본조신설 2007. 6. 1.]

제277조(경미사건 등과 피고인의 불출석) 다음 각 호의 어느 하나에 해당하는 사건에 관하여는 피고인의 출석을 요하지 아니한다. 이 경우 피고인은 대리인을 출석하게 할 수 있다.

1. 다액 500만원 이하의 벌금 또는 과료에 해당하는 사건

2. 공소기각 또는 면소의 재판을 할 것이 명백한 사건

3. 장기 3년 이하의 징역 또는 금고, 다액 500만원을 초과하는 벌금 또는 구류에 해당하는 사건에서 피고인의 불출석허가신청이 있고 법원이 피고인의 불출석이 그의 권리를 보호함에 지장이 없다고 인정하여 이를 허가한 사건. 다만, 제284조에 따른 절차를 진행하거나 판결을 선고하는 공판기일에는 출석하여야 한다.

4. 제453조제1항에 따라 피고인만이 정식재판의 청구를 하여 판

결을 선고하는 사건

[전문개정 2007. 6. 1.]

제277조의2(피고인의 출석거부와 공판절차) ①피고인이 출석하지 아니하면 개정하지 못하는 경우에 구속된 피고인이 정당한 사유없이 출석을 거부하고, 교도관에 의한 인치가 불가능하거나 현저히 곤란하다고 인정되는 때에는 피고인의 출석 없이 공판절차를 진행할 수 있다. 〈개정 2007. 6. 1.〉

②제1항의 규정에 의하여 공판절차를 진행할 경우에는 출석한 검사 및 변호인의 의견을 들어야 한다.

[본조신설 1995. 12. 29.]

제278조(검사의 불출석) 검사가 공판기일의 통지를 2회 이상받고 출석하지 아니하거나 판결만을 선고하는 때에는 검사의 출석 없이 개정할 수 있다. 〈개정 1995. 12. 29.〉

제279조(재판장의 소송지휘권) 공판기일의 소송지휘는 재판장이 한다.

제279조의2(전문심리위원의 참여) ① 법원은 소송관계를 분명하게 하거나 소송절차를 원활하게 진행하기 위하여 필요한 경우에는 직권으로 또는 검사, 피고인 또는 변호인의 신청에 의하여 결정으로 전문심리위원을 지정하여 공판준비 및 공판기일 등 소송절차에 참여하게 할 수 있다.

② 전문심리위원은 전문적인 지식에 의한 설명 또는 의견을 기재한 서면을 제출하거나 기일에 전문적인 지식에 의하여 설명이나 의견을 진술할 수 있다. 다만, 재판의 합의에는 참여할 수 없다.

③ 전문심리위원은 기일에 재판장의 허가를 받아 피고인 또는 변호인, 증인 또는 감정인 등 소송관계인에게 소송관계를 분명하게 하기 위하여 필요한 사항에 관하여 직접 질문할 수 있다.

④ 법원은 제2항에 따라 전문심리위원이 제출한 서면이나 전문심리위원의 설명 또는 의견의 진술에 관하여 검사, 피고인 또는 변호인에게 구술 또는 서면에 의한 의견진술의 기회를 주어야 한다.

[본조신설 2007. 12. 21.]

제279조의3(전문심리위원 참여결정의 취소) ① 법원은 상당하다고 인정하는 때에는 검사, 피고인 또는 변호인의 신청이나 직권으로 제279조의2제1항에 따른 결정을 취소할 수 있다.

② 법원은 검사와 피고인 또는 변호인이 합의하여 제279조의2제1항의 결정을 취소할 것을 신청한 때에는 그 결정을 취소하여야 한다.

[본조신설 2007. 12. 21.]

제279조의4(전문심리위원의 지정 등) ① 제279조의2제1항에 따라 전문심리위원을 소송절차에 참여시키는 경우 법원은 검사, 피고인 또는 변호인의 의견을 들어 각 사건마다 1인 이상의 전문심리위원을 지정한다.

② 전문심리위원에게는 대법원규칙으로 정하는 바에 따라 수당을 지급하고, 필요한 경우에는 그 밖의 여비, 일당 및 숙박료를 지급할 수 있다.

③ 그 밖에 전문심리위원의 지정에 관하여 필요한 사항은 대법원규칙으로 정한다.

[본조신설 2007. 12. 21.]

제279조의5(전문심리위원의 제척 및 기피) ① 제17조부터 제20조까지 및 제23조는 전문심리위원에게 준용한다.

② 제척 또는 기피 신청이 있는 전문심리위원은 그 신청에 관한 결정이 확정될 때까지 그 신청이 있는 사건의 소송절차에 참여할 수 없다. 이 경우 전문심리위원은 해당 제척 또는 기피 신청에 대하

여 의견을 진술할 수 있다.

[본조신설 2007. 12. 21.]

제279조의6(수명법관 등의 권한) 수명법관 또는 수탁판사가 소송절차를 진행하는 경우에는 제279조의2제2항부터 제4항까지의 규정에 따른 법원 및 재판장의 직무는 그 수명법관이나 수탁판사가 행한다.

[본조신설 2007. 12. 21.]

제279조의7(비밀누설죄) 전문심리위원 또는 전문심리위원이었던 자가 그 직무수행 중에 알게 된 다른 사람의 비밀을 누설한 때에는 2년 이하의 징역이나 금고 또는 1천만원 이하의 벌금에 처한다.

[본조신설 2007. 12. 21.]

제279조의8(벌칙 적용에서의 공무원 의제) 전문심리위원은 「형법」 제129조부터 제132조까지의 규정에 따른 벌칙의 적용에서는 공무원으로 본다.

[본조신설 2007. 12. 21.]

제280조(공판정에서의 신체구속의 금지) 공판정에서는 피고인의 신체를 구속하지 못한다. 다만, 재판장은 피고인이 폭력을 행사하거나 도망할 염려가 있다고 인정하는 때에는 피고인의 신체의 구속을 명하거나 기타 필요한 조치를 할 수 있다. 〈개정 1995. 12. 29.〉

제281조(피고인의 재정의무, 법정경찰권) ①피고인은 재판장의 허가없이 퇴정하지 못한다.

②재판장은 피고인의 퇴정을 제지하거나 법정의 질서를 유지하기 위하여 필요한 처분을 할 수 있다.

제282조(필요적 변호) 제33조제1항 각 호의 어느 하나에 해당하는 사건 및 같은 조 제2항·제3항의 규정에 따라 변호인이 선정된 사건에 관하여는 변호인 없이 개정하지 못한다. 단, 판결만을 선고할 경우에는 예외로 한다. 〈개정 2006. 7. 19.〉

[제목개정 2006. 7. 19.]

제283조(국선변호인) 제282조 본문의 경우 변호인이 출석하지 아니한 때에는 법원은 직권으로 변호인을 선정하여야 한다. 〈개정 2006. 7. 19.〉

[제목개정 2006. 7. 19.]

제283조의2(피고인의 진술거부권) ①피고인은 진술하지 아니하거나 개개의 질문에 대하여 진술을 거부할 수 있다.

②재판장은 피고인에게 제1항과 같이 진술을 거부할 수 있음을 고지하여야 한다.

[본조신설 2007. 6. 1.]

제284조(인정신문) 재판장은 피고인의 성명, 연령, 등록기준지, 주거와 직업을 물어서 피고인임에 틀림없음을 확인하여야 한다. 〈개정 2007. 5. 17.〉

제285조(검사의 모두진술) 검사는 공소장에 의하여 공소사실·죄명 및 적용법조를 낭독하여야 한다. 다만, 재판장은 필요하다고 인정하는 때에는 검사에게 공소의 요지를 진술하게 할 수 있다.

[전문개정 2007. 6. 1.]

제286조(피고인의 모두진술) ①피고인은 검사의 모두진술이 끝난 뒤에 공소사실의 인정 여부를 진술하여야 한다. 다만, 피고인이 진술거부권을 행사하는 경우에는 그러하지 아니하다.

②피고인 및 변호인은 이익이 되는 사실 등을 진술할 수 있다.

[전문개정 2007. 6. 1.]

제286조의2(간이공판절차의 결정) 피고인이 공판정에서 공소사실에 대하여 자백한 때에는 법원은 그 공소사실에 한하여 간이공판절차에 의하여 심판할 것을 결정할 수 있다. 〈개정 1995. 12. 29.〉

[본조신설 1973. 1. 25.]

제286조의3(결정의 취소) 법원은 전조의 결정을 한 사건에 대하여 피고인의 자백이 신빙할 수 없다고 인정되거나 간이공판절차로 심판하는 것이 현저히 부당하다고 인정할 때에는 검사의 의견을 들어 그 결정을 취소하여야 한다.

[본조신설 1973. 1. 25.]

제287조(재판장의 쟁점정리 및 검사·변호인의 증거관계 등에 대한 진술) ①재판장은 피고인의 모두진술이 끝난 다음에 피고인 또는 변호인에게 쟁점의 정리를 위하여 필요한 질문을 할 수 있다.

②재판장은 증거조사를 하기에 앞서 검사 및 변호인으로 하여금 공소사실 등의 증명과 관련된 주장 및 입증계획 등을 진술하게 할 수 있다. 다만, 증거로 할 수 없거나 증거로 신청할 의사가 없는 자료에 기초하여 법원에 사건에 대한 예단 또는 편견을 발생하게 할 염려가 있는 사항은 진술할 수 없다.

[전문개정 2007. 6. 1.]

제288조 삭제 〈1961. 9. 1.〉

제289조 삭제 〈2007. 6. 1.〉

제290조(증거조사) 증거조사는 제287조에 따른 절차가 끝난 후에 실시한다.

[전문개정 2007. 6. 1.]

제291조(동전) ①소송관계인이 증거로 제출한 서류나 물건 또는 제272조, 제273조의 규정에 의하여 작성 또는 송부된 서류는 검사, 변호인 또는 피고인이 공판정에서 개별적으로 지시설명하여 조사하여야 한다.

②재판장은 직권으로 전항의 서류나 물건을 공판정에서 조사할 수 있다.

[전문개정 1961. 9. 1.]

제291조의2(증거조사의 순서) ①법원은 검사가 신청한 증거를 조사한 후 피고인 또는 변호인이 신청한 증거를 조사한다.

②법원은 제1항에 따른 조사가 끝난 후 직권으로 결정한 증거를 조사한다.

③법원은 직권 또는 검사, 피고인·변호인의 신청에 따라 제1항 및 제2항의 순서를 변경할 수 있다.

[본조신설 2007. 6. 1.]

제292조(증거서류에 대한 조사방식) ①검사, 피고인 또는 변호인의 신청에 따라 증거서류를 조사하는 때에는 신청인이 이를 낭독하여야 한다.

②법원이 직권으로 증거서류를 조사하는 때에는 소지인 또는 재판장이 이를 낭독하여야 한다.

③재판장은 필요하다고 인정하는 때에는 제1항 및 제2항에도 불구하고 내용을 고지하는 방법으로 조사할 수 있다.

④재판장은 법원사무관등으로 하여금 제1항부터 제3항까지의 규정에 따른 낭독이나 고지를 하게 할 수 있다.

⑤재판장은 열람이 다른 방법보다 적절하다고 인정하는 때에는 증거서류를 제시하여 열람하게 하는 방법으로 조사할 수 있다.

[전문개정 2007. 6. 1.]

제292조의2(증거물에 대한 조사방식) ①검사, 피고인 또는 변호인의 신청에 따라 증거물을 조사하는 때에는 신청인이 이를 제시하여야 한다.

②법원이 직권으로 증거물을 조사하는 때에는 소지인 또는 재판장이 이를 제시하여야 한다.

③재판장은 법원사무관등으로 하여금 제1항 및 제2항에 따른 제시를 하게 할 수 있다.

[본조신설 2007. 6. 1.]

제292조의3(그 밖의 증거에 대한 조사방식) 도면 · 사진 · 녹음테이프 · 비디오테이프 · 컴퓨터용디스크, 그 밖에 정보를 담기 위하여 만들어진 물건으로서 문서가 아닌 증거의 조사에 관하여 필요한 사항은 대법원규칙으로 정한다.

[본조신설 2007. 6. 1.]

제293조(증거조사 결과와 피고인의 의견) 재판장은 피고인에게 각 증거조사의결과에 대한 의견을 묻고 권리를 보호함에 필요한 증거조사를 신청할 수 있음을 고지하여야 한다.

제294조(당사자의 증거신청) ①검사, 피고인 또는 변호인은 서류나 물건을 증거로 제출할 수 있고, 증인 · 감정인 · 통역인 또는 번역인의 신문을 신청할 수 있다.

②법원은 검사, 피고인 또는 변호인이 고의로 증거를 뒤늦게 신청함으로써 공판의 완결을 지연하는 것으로 인정할 때에는 직권 또는 상대방의 신청에 따라 결정으로 이를 각하할 수 있다.

[전문개정 2007. 6. 1.]

제294조의2(피해자등의 진술권) ①법원은 범죄로 인한 피해자 또는 그 법정대리인(피해자가 사망한 경우에는 배우자 · 직계친족 · 형제자매를 포함한다. 이하 이 조에서 "피해자등"이라 한다)의 신청이 있는 때에는 그 피해자등을 증인으로 신문하여야 한다. 다만, 다음 각 호의 어느 하나에 해당하는 경우에는 그러하지 아니하다. 〈개정 2007. 6. 1.〉

1. 삭제 〈2007. 6. 1.〉

2. 피해자등 이미 당해 사건에 관하여 공판절차에서 충분히 진술하여 다시 진술할 필요가 없다고 인정되는 경우

3. 피해자등의 진술로 인하여 공판절차가 현저하게 지연될 우려가

있는 경우

②법원은 제1항에 따라 피해자등을 신문하는 경우 피해의 정도 및 결과, 피고인의 처벌에 관한 의견, 그 밖에 당해 사건에 관한 의견을 진술할 기회를 주어야 한다. 〈개정 2007. 6. 1.〉

③법원은 동일한 범죄사실에서 제1항의 규정에 의한 신청인이 여러 명인 경우에는 진술할 자의 수를 제한할 수 있다. 〈개정 2007. 6. 1.〉

④제1항의 규정에 의한 신청인이 출석통지를 받고도 정당한 이유없이 출석하지 아니한 때에는 그 신청을 철회한 것으로 본다. 〈개정 2007. 6. 1.〉

[본조신설 1987. 11. 28.]

[제목개정 2007. 6. 1.]

제294조의3(피해자 진술의 비공개) ①법원은 범죄로 인한 피해자를 증인으로 신문하는 경우 당해 피해자 · 법정대리인 또는 검사의 신청에 따라 피해자의 사생활의 비밀이나 신변보호를 위하여 필요하다고 인정하는 때에는 결정으로 심리를 공개하지 아니할 수 있다.

②제1항의 결정은 이유를 붙여 고지한다.

③법원은 제1항의 결정을 한 경우에도 적당하다고 인정되는 자의 재정(在廷)을 허가할 수 있다.

[본조신설 2007. 6. 1.]

제294조의4(피해자 등의 공판기록 열람 · 등사) ①소송계속 중인 사건의 피해자(피해자가 사망하거나 그 심신에 중대한 장애가 있는 경우에는 그 배우자 · 직계친족 및 형제자매를 포함한다), 피해자 본인의 법정대리인 또는 이들로부터 위임을 받은 피해자 본인의 배우자 · 직계친족 · 형제자매 · 변호사는 소송기록의 열람 또는 등사를 재판장에게 신청할 수 있다.

②재판장은 제1항의 신청이 있는 때에는 지체 없이 검사, 피고인 또는 변호인에게 그 취지를 통지하여야 한다.

③재판장은 피해자 등의 권리구제 또는 제294조의2에 따른 진술권 보장을 위하여 필요하다고 인정하는 경우 소송기록의 열람 또는 등사를 허가하여야 한다. 다만, 제59조의2제2항제2호부터 제6호까지 중 어느 하나에 해당하는 경우 또는 심리의 상황을 고려하여 상당한 이유가 있는 경우에는 열람 또는 등사를 허가하지 아니할 수 있다. 〈개정 2025. 3. 18.〉

④재판장이 제3항에 따라 등사를 허가하는 경우에는 등사한 소송기록의 사용목적을 제한하거나 적당하다고 인정하는 조건을 붙일 수 있다.

⑤ 재판장이 열람 또는 등사를 허가하지 아니하거나 사용 목적의 제한 또는 조건을 붙여 허가하는 경우에는 열람 또는 등사를 신청한 자에게 대법원규칙으로 정하는 바에 따라 그 이유를 통지하여야 한다. 〈신설 2025. 3. 18.〉

⑥제1항에 따라 소송기록을 열람 또는 등사한 자는 열람 또는 등사에 의하여 알게 된 사항을 사용함에 있어서 부당히 관계인의 명예나 생활의 평온을 해하거나 수사와 재판에 지장을 주지 아니하도록 하여야 한다. 〈개정 2025. 3. 18.〉

⑦제3항 및 제4항에 관한 재판에 대하여는 불복할 수 없다. 〈개정 2025. 3. 18.〉

[본조신설 2007. 6. 1.]

제294조의5(금전 공탁과 피해자 등의 의견 청취) ① 법원은 피고인이 피해자의 권리 회복에 필요한 금전을 공탁한 경우에는 판결을 선고하기 전에 피해자 또는 그 법정대리인(피해자가 사망한 경우에는 배우자·직계친족·형제자매를 포함한다)의 의견을 들어야 한다.

다만, 그 의견을 청취하기 곤란한 경우로서 대법원규칙으로 정하는 특별한 사정이 있는 경우에는 그러하지 아니하다.

② 제1항에 따른 의견 청취의 방법ㆍ절차 및 그 밖에 필요한 사항은 대법원규칙으로 정한다.

[본조신설 2024. 10. 16.]

제295조(증거신청에 대한 결정) 법원은 제294조 및 제294조의2의 증거신청에 대하여 결정을 하여야 하며 직권으로 증거조사를 할 수 있다. 〈개정 1987. 11. 28.〉

제296조(증거조사에 대한 이의신청) ①검사, 피고인 또는 변호인은 증거조사에 관하여 이의신청을 할 수 있다.

②법원은 전항의 신청에 대하여 결정을 하여야 한다.

제296조의2(피고인신문) ①검사 또는 변호인은 증거조사 종료 후에 순차로 피고인에게 공소사실 및 정상에 관하여 필요한 사항을 신문할 수 있다. 다만, 재판장은 필요하다고 인정하는 때에는 증거조사가 완료되기 전이라도 이를 허가할 수 있다.

②재판장은 필요하다고 인정하는 때에는 피고인을 신문할 수 있다.

③제161조의2제1항부터 제3항까지 및 제5항은 제1항의 신문에 관하여 준용한다.

[본조신설 2007. 6. 1.]

제297조(피고인등의 퇴정) ①재판장은 증인 또는 감정인이 피고인 또는 어떤 재정인의 면전에서 충분한 진술을 할 수 없다고 인정한 때에는 그를 퇴정하게 하고 진술하게 할 수 있다. 피고인이 다른 피고인의 면전에서 충분한 진술을 할 수 없다고 인정한 때에도 같다.

②전항의 규정에 의하여 피고인을 퇴정하게 한 경우에 증인, 감정인 또는 공동피고인의 진술이 종료한 때에는 퇴정한 피고인을 입정하게 한 후 법원사무관등으로 하여금 진술의 요지를 고지하게 하여

야 한다. 〈개정 1961. 9. 1., 2007. 6. 1.〉

제297조의2(간이공판절차에서의 증거조사) 제286조의2의 결정이 있는 사건에 대하여는 제161조의2, 제290조 내지 제293조, 제297조의 규정을 적용하지 아니하며 법원이 상당하다고 인정하는 방법으로 증거조사를 할 수 있다.

[본조신설 1973. 1. 25.]

제298조(공소장의 변경) ①검사는 법원의 허가를 얻어 공소장에 기재한 공소사실 또는 적용법조의 추가, 철회 또는 변경을 할 수 있다. 이 경우에 법원은 공소사실의 동일성을 해하지 아니하는 한도에서 허가하여야 한다.

②법원은 심리의 경과에 비추어 상당하다고 인정할 때에는 공소사실 또는 적용법조의 추가 또는 변경을 요구하여야 한다.

③법원은 공소사실 또는 적용법조의 추가, 철회 또는 변경이 있을 때에는 그 사유를 신속히 피고인 또는 변호인에게 고지하여야 한다.

④법원은 전3항의 규정에 의한 공소사실 또는 적용법조의 추가, 철회 또는 변경이 피고인의 불이익을 증가할 염려가 있다고 인정한 때에는 직권 또는 피고인이나 변호인의 청구에 의하여 피고인으로 하여금 필요한 방어의 준비를 하게 하기 위하여 결정으로 필요한 기간 공판절차를 정지할 수 있다.

[전문개정 1973. 1. 25.]

제299조(불필요한 변론등의 제한) 재판장은 소송관계인의 진술 또는 신문이 중복된 사항이거나 그 소송에 관계없는 사항인 때에는 소송관계인의 본질적 권리를 해하지 아니하는 한도에서 이를 제한할 수 있다.

제300조(변론의 분리와 병합) 법원은 필요하다고 인정한 때에는 직권 또는 검사, 피고인이나 변호인의 신청에 의하여 결정으로 변론을

분리하거나 병합할 수 있다.

제301조(공판절차의 갱신) 공판개정 후 판사의 경질이 있는 때에는 공판절차를 갱신하여야 한다. 단, 판결의 선고만을 하는 경우에는 예외로 한다.

제301조의2(간이공판절차결정의 취소와 공판절차의 갱신) 제286조의2의 결정이 취소된 때에는 공판절차를 갱신하여야 한다. 단, 검사, 피고인 또는 변호인이 이의가 없는 때에는 그러하지 아니하다.

[본조신설 1973. 1. 25.]

제302조(증거조사 후의 검사의 의견진술) 피고인 신문과 증거조사가 종료한 때에는 검사는 사실과 법률적용에 관하여 의견을 진술하여야 한다. 단, 제278조의 경우에는 공소장의 기재사항에 의하여 검사의 의견진술이 있는 것으로 간주한다.

제303조(피고인의 최후진술) 재판장은 검사의 의견을 들은 후 피고인과 변호인에게 최종의 의견을 진술할 기회를 주어야 한다.

제304조(재판장의 처분에 대한 이의) ①검사, 피고인 또는 변호인은 재판장의 처분에 대하여 이의신청을 할 수 있다.

②전항의 이의신청이 있는 때에는 법원은 결정을 하여야 한다.

제305조(변론의 재개) 법원은 필요하다고 인정한 때에는 직권 또는 검사, 피고인이나 변호인의 신청에 의하여 결정으로 종결한 변론을 재개할 수 있다.

제306조(공판절차의 정지) ①피고인이 사물의 변별 또는 의사의 결정을 할 능력이 없는 상태에 있는 때에는 법원은 검사와 변호인의 의견을 들어서 결정으로 그 상태가 계속하는 기간 공판절차를 정지하여야 한다.

②피고인이 질병으로 인하여 출정할 수 없는 때에는 법원은 검사와 변호인의 의견을 들어서 결정으로 출정할 수 있을 때까지 공판

절차를 정지하여야 한다.

③전2항의 규정에 의하여 공판절차를 정지함에는 의사의 의견을 들어야 한다.

④피고사건에 대하여 무죄, 면소, 형의 면제 또는 공소기각의 재판을 할 것으로 명백한 때에는 제1항, 제2항의 사유있는 경우에도 피고인의 출정없이 재판할 수 있다.

⑤제277조의 규정에 의하여 대리인이 출정할 수 있는 경우에는 제1항 또는 제2항의 규정을 적용하지 아니한다.

제2절 증거

제307조(증거재판주의) ①사실의 인정은 증거에 의하여야 한다.

②범죄사실의 인정은 합리적인 의심이 없는 정도의 증명에 이르러야 한다.

[전문개정 2007. 6. 1.]

제308조(자유심증주의) 증거의 증명력은 법관의 자유판단에 의한다.

제308조의2(위법수집증거의 배제) 적법한 절차에 따르지 아니하고 수집한 증거는 증거로 할 수 없다.

[본조신설 2007. 6. 1.]

제309조(강제등 자백의 증거능력) 피고인의 자백이 고문, 폭행, 협박, 신체구속의 부당한 장기화 또는 기망 기타의 방법으로 임의로 진술한 것이 아니라고 의심할 만한 이유가 있는 때에는 이를 유죄의 증거로 하지 못한다.

[제목개정 1963. 12. 13.]

제310조(불이익한 자백의 증거능력) 피고인의 자백이 그 피고인에게 불이익한 유일의 증거인 때에는 이를 유죄의 증거로 하지 못한다.

제310조의2(전문증거와 증거능력의 제한) 제311조 내지 제316조에

규정한 것 이외에는 공판준비 또는 공판기일에서의 진술에 대신하여 진술을 기재한 서류나 공판준비 또는 공판기일 외에서의 타인의 진술을 내용으로 하는 진술은 이를 증거로 할 수 없다.

[본조신설 1961. 9. 1.]

제311조(법원 또는 법관의 조서) 공판준비 또는 공판기일에 피고인이나 피고인 아닌 자의 진술을 기재한 조서와 법원 또는 법관의 검증의 결과를 기재한 조서는 증거로 할 수 있다. 제184조 및 제221조의2의 규정에 의하여 작성한 조서도 또한 같다. 〈개정 1973. 1. 25., 1995. 12. 29.〉

[전문개정 1961. 9. 1.]

제312조(검사 또는 사법경찰관의 조서 등) ① 검사가 작성한 피의자신문조서는 적법한 절차와 방식에 따라 작성된 것으로서 공판준비, 공판기일에 그 피의자였던 피고인 드는 변호인이 그 내용을 인정할 때에 한정하여 증거로 할 수 있다. 〈개정 2020. 2. 4.〉

② 삭제 〈2020. 2. 4.〉

③검사 이외의 수사기관이 작성한 피의자신문조서는 적법한 절차와 방식에 따라 작성된 것으로서 공판준비 또는 공판기일에 그 피의자였던 피고인 또는 변호인이 그 내용을 인정할 때에 한하여 증거로 할 수 있다.

④검사 또는 사법경찰관이 피고인이 아닌 자의 진술을 기재한 조서는 적법한 절차와 방식에 따라 작성된 것으로서 그 조서가 검사 또는 사법경찰관 앞에서 진술한 내용과 동일하게 기재되어 있음이 원진술자의 공판준비 또는 공판기일데서의 진술이나 영상녹화물 또는 그 밖의 객관적인 방법에 의하여 증명되고, 피고인 또는 변호인이 공판준비 또는 공판기일에 그 기재 내용에 관하여 원진술자를 신문할 수 있었던 때에는 증거로 할 수 있다. 다만, 그 조서에 기재

된 진술이 특히 신빙할 수 있는 상태하에서 행하여졌음이 증명된 때에 한한다.

⑤제1항부터 제4항까지의 규정은 피고인 또는 피고인이 아닌 자가 수사과정에서 작성한 진술서에 관하여 준용한다.

⑥검사 또는 사법경찰관이 검증의 결과를 기재한 조서는 적법한 절차와 방식에 따라 작성된 것으로서 공판준비 또는 공판기일에서의 작성자의 진술에 따라 그 성립의 진정함이 증명된 때에는 증거로 할 수 있다.

[전문개정 2007. 6. 1.]

제313조(진술서등) ①전2조의 규정 이외에 피고인 또는 피고인이 아닌 자가 작성한 진술서나 그 진술을 기재한 서류로서 그 작성자 또는 진술자의 자필이거나 그 서명 또는 날인이 있는 것(피고인 또는 피고인 아닌 자가 작성하였거나 진술한 내용이 포함된 문자·사진·영상 등의 정보로서 컴퓨터용디스크, 그 밖에 이와 비슷한 정보저장매체에 저장된 것을 포함한다. 이하 이 조에서 같다)은 공판준비나 공판기일에서의 그 작성자 또는 진술자의 진술에 의하여 그 성립의 진정함이 증명된 때에는 증거로 할 수 있다. 단, 피고인의 진술을 기재한 서류는 공판준비 또는 공판기일에서의 그 작성자의 진술에 의하여 그 성립의 진정함이 증명되고 그 진술이 특히 신빙할 수 있는 상태하에서 행하여 진 때에 한하여 피고인의 공판준비 또는 공판기일에서의 진술에 불구하고 증거로 할 수 있다. 〈개정 2016. 5. 29.〉

② 제1항 본문에도 불구하고 진술서의 작성자가 공판준비나 공판기일에서 그 성립의 진정을 부인하는 경우에는 과학적 분석결과에 기초한 디지털포렌식 자료, 감정 등 객관적 방법으로 성립의 진정함이 증명되는 때에는 증거로 할 수 있다. 다만, 피고인 아닌 자가 작

성한 진술서는 피고인 또는 변호인이 공판준비 또는 공판기일에 그 기재 내용에 관하여 작성자를 신문할 수 있었을 것을 요한다. 〈개정 2016. 5. 29.〉

③ 감정의 경과와 결과를 기재한 서류도 제1항 및 제2항과 같다. 〈신설 2016. 5. 29.〉

[전문개정 1961. 9. 1.]

제314조(증거능력에 대한 예외) 제312조 또는 제313조의 경우에 공판준비 또는 공판기일에 진술을 요하는 자가 사망·질병·외국거주·소재불명 그 밖에 이에 준하는 사유로 인하여 진술할 수 없는 때에는 그 조서 및 그 밖의 서류(피고인 또는 피고인 아닌 자가 작성하였거나 진술한 내용이 포함된 문자·사진·영상 등의 정보로서 컴퓨터용디스크, 그 밖에 이와 비슷한 정보저장매체에 저장된 것을 포함한다)를 증거로 할 수 있다. 다만, 그 진술 또는 작성이 특히 신빙할 수 있는 상태하에서 행하여졌음이 증명된 때에 한한다. 〈개정 2016. 5. 29.〉

[전문개정 2007. 6. 1.]

제315조(당연히 증거능력이 있는 서류) 다음에 게기한 서류는 증거로 할 수 있다. 〈개정 2007. 5. 17.〉

1. 가족관계기록사항에 관한 증명서, 공정증서등본 기타 공무원 또는 외국공무원의 직무상 증명할 수 있는 사항에 관하여 작성한 문서

2. 상업장부, 항해일지 기타 업무상 필요로 작성한 통상문서

3. 기타 특히 신용할 만한 정황에 의하여 작성된 문서

제316조(전문의 진술) ①피고인이 아닌 자(공소제기 전에 피고인을 피의자로 조사하였거나 그 조사에 참여하였던 자를 포함한다. 이하 이 조에서 같다)의 공판준비 또는 공판기일에서의 진술이 피고인의

진술을 그 내용으로 하는 것인 때에는 그 진술이 특히 신빙할 수 있는 상태하에서 행하여졌음이 증명된 때에 한하여 이를 증거로 할 수 있다. 〈개정 2007. 6. 1.〉

②피고인 아닌 자의 공판준비 또는 공판기일에서의 진술이 피고인 아닌 타인의 진술을 그 내용으로 하는 것인 때에는 원진술자가 사망, 질병, 외국거주, 소재불명 그 밖에 이에 준하는 사유로 인하여 진술할 수 없고, 그 진술이 특히 신빙할 수 있는 상태하에서 행하여졌음이 증명된 때에 한하여 이를 증거로 할 수 있다. 〈개정 1995. 12. 29., 2007. 6. 1.〉

[전문개정 1961. 9. 1.]

제317조(진술의 임의성) ①피고인 또는 피고인 아닌 자의 진술이 임의로 된 것이 아닌 것은 증거로 할 수 없다.

②전항의 서류는 그 작성 또는 내용인 진술이 임의로 되었다는 것이 증명된 것이 아니면 증거로 할 수 없다.

③검증조서의 일부가 피고인 또는 피고인 아닌 자의 진술을 기재한 것인 때에는 그 부분에 한하여 전2항의 예에 의한다.

제318조(당사자의 동의와 증거능력) ①검사와 피고인이 증거로 할 수 있음을 동의한 서류 또는 물건은 진정한 것으로 인정한 때에는 증거로 할 수 있다.

②피고인의 출정없이 증거조사를 할 수 있는 경우에 피고인이 출정하지 아니한 때에는 전항의 동의가 있는 것으로 간주한다. 단, 대리인 또는 변호인이 출정한 때에는 예외로 한다.

제318조의2(증명력을 다투기 위한 증거) ①제312조부터 제316조까지의 규정에 따라 증거로 할 수 없는 서류나 진술이라도 공판준비 또는 공판기일에서의 피고인 또는 피고인이 아닌 자(공소제기 전에 피고인을 피의자로 조사하였거나 그 조사에 참여하였던 자를 포함한

다. 이하 이 조에서 같다)의 진술의 증명력을 다투기 위하여 증거로 할 수 있다.

②제1항에도 불구하고 피고인 또는 피고인이 아닌 자의 진술을 내용으로 하는 영상녹화물은 공판준비 또는 공판기일에 피고인 또는 피고인이 아닌 자가 진술함에 있어서 기억이 명백하지 아니한 사항에 관하여 기억을 환기시켜야 할 필요가 있다고 인정되는 때에 한하여 피고인 또는 피고인이 아닌 자에게 재생하여 시청하게 할 수 있다.

[전문개정 2007. 6. 1.]

제318조의3(간이공판절차에서의 증거능력에 관한 특례) 제286조의2의 결정이 있는 사건의 증거에 관하여는 제310조의2, 제312조 내지 제314조 및 제316조의 규정에 의한 증거에 대하여 제318조제1항의 동의가 있는 것으로 간주한다. 단, 검사, 피고인 또는 변호인이 증거로 함에 이의가 있는 때에는 그러하지 아니하다.

[본조신설 1973. 1. 25.]

제3절 공판의 재판

제318조의4(판결선고기일) ①판결의 선고는 변론을 종결한 기일에 하여야 한다. 다만, 특별한 사정이 있는 때에는 따로 선고기일을 지정할 수 있다.

②변론을 종결한 기일에 판결을 선고하는 경우에는 판결의 선고 후에 판결서를 작성할 수 있다.

③제1항 단서의 선고기일은 변론종결 후 14일 이내로 지정되어야 한다.

[본조신설 2007. 6. 1.]

제319조(관할위반의 판결) 피고사건이 법원의 관할에 속하지 아니한

때에는 판결로써 관할위반의 선고를 하여야 한다. 〈개정 2007. 12. 21.〉

제320조(토지관할 위반) ①법원은 피고인의 신청이 없으면 토지관할에 관하여 관할 위반의 선고를 하지 못한다.

②관할 위반의 신청은 피고사건에 대한 진술 전에 하여야 한다.

제321조(형선고와 동시에 선고될 사항) ①피고사건에 대하여 범죄의 증명이 있는 때에는 형의 면제 또는 선고유예의 경우 외에는 판결로써 형을 선고하여야 한다.

②형의 집행유예, 판결 전 구금의 산입일수, 노역장의 유치기간은 형의 선고와 동시에 판결로써 선고하여야 한다.

제322조(형면제 또는 형의 선고유예의 판결) 피고사건에 대하여 형의 면제 또는 선고유예를 하는 때에는 판결로써 선고하여야 한다.

제323조(유죄판결에 명시될 이유) ①형의 선고를 하는 때에는 판결이유에 범죄될 사실, 증거의 요지와 법령의 적용을 명시하여야 한다.

②법률상 범죄의 성립을 조각하는 이유 또는 형의 가중, 감면의 이유되는 사실의 진술이 있은 때에는 이에 대한 판단을 명시하여야 한다.

제324조(상소에 대한 고지) 형을 선고하는 경우에는 재판장은 피고인에게 상소할 기간과 상소할 법원을 고지하여야 한다.

제325조(무죄의 판결) 피고사건이 범죄로 되지 아니하거나 범죄사실의 증명이 없는 때에는 판결로써 무죄를 선고하여야 한다.

제326조(면소의 판결) 다음 경우에는 판결로써 면소의 선고를 하여야 한다.

1. 확정판결이 있은 때
2. 사면이 있은 때

3. 공소의 시효가 완성되었을 때

4. 범죄 후의 법령개폐로 형이 폐지되었을 때

제327조(공소기각의 판결) 다음 각 호의 경우에는 판결로써 공소기각의 선고를 하여야 한다.

1. 피고인에 대하여 재판권이 없을 때

2. 공소제기의 절차가 법률의 규정을 위반하여 무효일 때

3. 공소가 제기된 사건에 대하여 다시 공소가 제기되었을 때

4. 제329조를 위반하여 공소가 제기되었을 때

5. 고소가 있어야 공소를 제기할 수 있는 사건에서 고소가 취소되었을 때

6. 피해자의 명시한 의사에 반하여 공소를 제기할 수 없는 사건에서 처벌을 원하지 아니하는 의사표시를 하거나 처벌을 원하는 의사표시를 철회하였을 때

[전문개정 2020. 12. 8.]

제328조(공소기각의 결정) ①다음 경우에는 결정으로 공소를 기각하여야 한다.

1. 공소가 취소 되었을 때

2. 피고인이 사망하거나 피고인인 법인이 존속하지 아니하게 되었을 때

3. 제12조 또는 제13조의 규정에 의하여 재판할 수 없는 때

4. 공소장에 기재된 사실이 진실하다 하더라도 범죄가 될 만한 사실이 포함되지 아니하는 때

②전항의 결정에 대하여는 즉시항고를 할 수 있다.

제329조(공소취소와 재기소) 공소취소에 의한 공소기각의 결정이 확정된 때에는 공소취소 후 그 범죄사실에 대한 다른 중요한 증거를 발견한 경우에 한하여 다시 공소를 제기할 수 있다.

제330조(피고인의 진술없이 하는 판결) 피고인이 진술하지 아니하거나 재판장의 허가없이 퇴정하거나 재판장의 질서유지를 위한 퇴정명령을 받은 때에는 피고인의 진술없이 판결할 수 있다.

제331조(무죄등 선고와 구속영장의 효력) 무죄, 면소, 형의 면제, 형의 선고유예, 형의 집행유예, 공소기각 또는 벌금이나 과료를 과하는 판결이 선고된 때에는 구속영장은 효력을 잃는다. 〈개정 1995. 12. 29.〉

[92헌가8 1992. 12. 24.(1995. 12. 29. 法5054)]

제332조(몰수의 선고와 압수물) 압수한 서류 또는 물품에 대하여 몰수의 선고가 없는 때에는 압수를 해제한 것으로 간주한다.

제333조(압수장물의 환부) ①압수한 장물로서 피해자에게 환부할 이유가 명백한 것은 판결로써 피해자에게 환부하는 선고를 하여야 한다.

②전항의 경우에 장물을 처분하였을 때에는 판결로써 그 대가로 취득한 것을 피해자에게 교부하는 선고를 하여야 한다.

③가환부한 장물에 대하여 별단의 선고가 없는 때에는 환부의 선고가 있는 것으로 간주한다.

④전3항의 규정은 이해관계인이 민사소송절차에 의하여 그 권리를 주장함에 영향을 미치지 아니한다.

제334조(재산형의 가납판결) ①법원은 벌금, 과료 또는 추징의 선고를 하는 경우에 판결의 확정 후에는 집행할 수 없거나 집행하기 곤란할 염려가 있다고 인정한 때에는 직권 또는 검사의 청구에 의하여 피고인에게 벌금, 과료 또는 추징에 상당한 금액의 가납을 명할 수 있다.

②전항의 재판은 형의 선고와 동시에 판결로써 선고하여야 한다.

③전항의 판결은 즉시로 집행할 수 있다.

제335조(형의 집행유예 취소의 절차) ①형의 집행유예를 취소할 경우에는 검사는 피고인의 현재지 또는 최후의 거주지를 관할하는 법원에 청구하여야 한다.

②전항의 청구를 받은 법원은 피고인 또는 그 대리인의 의견을 물은 후에 결정을 하여야 한다.

③전항의 결정에 대하여는 즉시항고를 할 수 있다.

④전2항의 규정은 유예한 형을 선고할 경우에 준용한다.

제336조(경합범 중 다시 형을 정하는 절차) ①「형법」 제36조, 동 제39조제4항 또는 동 제61조의규정에 의하여 형을 정할 경우에는 검사는 그 범죄사실에 대한 최종판결을 한 법원에 청구하여야 한다. 단, 「형법」 제61조의 규정에 의하여 유예한 형을 선고할 때에는 제323조에 의하여야 하고 선고유예를 해제하는 이유를 명시하여야 한다. 〈개정 2007. 6. 1.〉

②전조 제2항의 규정은 전항의 경우에 준용한다.

제337조(형의 소멸의 재판) ①「형법」 제81조 또는 동 제82조의 규정에 의한 선고는 그 사건에 관한 기록이 보관되어 있는 검찰청에 대응하는 법원에 대하여 신청하여야 한다. 〈개정 2007. 6. 1.〉

②전항의 신청에 의한 선고는 결정으로 한다.

③제1항의 신청을 각하하는 결정에 대하여는 즉시항고를 할 수 있다.

제3편 상소

제1장 통칙

제338조(상소권자) ①검사 또는 피고인은 상소를 할 수 있다.

② 삭제 〈2007. 12. 21.〉

제339조(항고권자) 검사 또는 피고인 아닌 자가 결정을 받은 때에는

항고할 수 있다.

제340조(당사자 이외의 상소권자) 피고인의 법정대리인은 피고인을 위하여 상소할 수 있다.

제341조(동전) ①피고인의 배우자, 직계친족, 형제자매 또는 원심의 대리인이나 변호인은 피고인을 위하여 상소할 수 있다. 〈개정 2005. 3. 31.〉

②전항의 상소는 피고인의 명시한 의사에 반하여 하지 못한다.

제342조(일부상소) ①상소는 재판의 일부에 대하여 할 수 있다.

②일부에 대한 상소는 그 일부와 불가분의 관계에 있는 부분에 대하여도 효력이 미친다.

제343조(상소 제기기간) ①상소의 제기는 그 기간 내에 서면으로 한다.

②상소의 제기기간은 재판을 선고 또는 고지한 날로부터 진행된다.

제344조(재소자에 대한 특칙) ①교도소 또는 구치소에 있는 피고인이 상소의 제기기간 내에 상소장을 교도소장 또는 구치소장 또는 그 직무를 대리하는 자에게 제출한 때에는 상소의 제기기간 내에 상소한 것으로 간주한다. 〈개정 1963. 12. 13.〉

②전항의 경우에 피고인이 상소장을 작성할 수 없는 때에는 교도소장 또는 구치소장은 소속공무원으로 하여금 대서하게 하여야 한다. 〈개정 1963. 12. 13.〉

제345조(상소권회복 청구권자) 제338조부터 제341조까지의 규정에 따라 상소할 수 있는 자는 자기 또는 대리인이 책임질 수 없는 사유로 상소 제기기간 내에 상소를 하지 못한 경우에는 상소권회복의 청구를 할 수 있다.

[전문개정 2020. 12. 8.]

제346조(상소권회복 청구의 방식) ① 상소권회복을 청구할 때에는 제345조의 사유가 해소된 날부터 상소 제기기간에 해당하는 기간

내에 서면으로 원심법원에 제출하여야 한다.

② 상소권회복을 청구할 때에는 제345조의 책임질 수 없는 사유를 소명하여야 한다.

③ 상소권회복을 청구한 자는 그 청구와 동시에 상소를 제기하여야 한다.

[전문개정 2020. 12. 8.]

제347조(상소권회복에 대한 결정과 즉시항고) ①상소권회복의 청구를 받은 법원은 청구의 허부에 관한 결정을 하여야 한다.

②전항의 결정에 대하여는 즉시항고를 할 수 있다.

제348조(상소권회복청구와 집행정지) ①상소권회복의 청구가 있는 때에는 법원은 전조의 결정을 할 때까지 재판의 집행을 정지하는 결정을 할 수 있다. 〈개정 2007. 6. 1.〉

②전항의 집행정지의 결정을 한 경우에 피고인의 구금을 요하는 때에는 구속영장을 발부하여야 한다. 단, 제70조의 요건이 구비된 때에 한한다.

제349조(상소의 포기, 취하) 검사나 피고인 또는 제339조에 규정한 자는 상소의 포기 또는 취하를 할 수 있다. 단, 피고인 또는 제341조에 규정한 자는 사형 또는 무기징역이나 무기금고가 선고된 판결에 대하여는 상소의 포기를 할 수 없다.

제350조(상소의 포기등과 법정대리인의 동의) 법정대리인이 있는 피고인이 상소의 포기 또는 취하를 함에는 법정대리인의 동의를 얻어야 한다. 단, 법정대리인의 사망 기타 사유로 인하여 그 동의를 얻을 수 없는 때에는 예외로 한다.

제351조(상소의 취하와 피고인의 동의) 피고인의 법정대리인 또는 제341조에 규정한 자는 피고인의 동의를 얻어 상소를 취하할 수 있다.

第352條(상소포기 등의 방식) ①상소의 포기 또는 취하는 서면으로 하여야 한다. 단, 공판정에서는 구술로써 할 수 있다.

②구술로써 상소의 포기 또는 취하를 한 경우에는 그 사유를 조서에 기재하여야 한다.

第353條(상소포기 등의 관할) 상소의 포기는 원심법원에, 상소의 취하는 상소법원에 하여야 한다. 단, 소송기록이 상소법원에 송부되지 아니한 때에는 상소의 취하를 원심법원에 제출할 수 있다.

第354條(상소포기 후의 재상소의 금지) 상소를 취하한 자 또는 상소의 포기나 취하에 동의한 자는 그 사건에 대하여 다시 상소를 하지 못한다.

第355條(재소자에 대한 특칙) 제344조의 규정은 교도소 또는 구치소에 있는 피고인이 상소권회복의 청구 또는 상소의 포기나 취하를 하는 경우에 준용한다. 〈개정 1963. 12. 13.〉

第356條(상소포기등과 상대방의 통지) 상소, 상소의 포기나 취하 또는 상소권회복의 청구가 있는 때에는 법원은 지체없이 상대방에게 그 사유를 통지하여야 한다.

제2장 항소 〈개정 1963. 12. 13.〉

第357條(항소할 수 있는 판결) 제1심법원의 판결에 대하여 불복이 있으면 지방법원 단독판사가 선고한 것은 지방법원 본원합의부에 항소할 수 있으며 지방법원 합의부가 선고한 것은 고등법원에 항소할 수 있다. 〈개정 1963. 12. 13.〉

[전문개정 1961. 9. 1.]

[제목개정 1963. 12. 13.]

第358條(항소제기기간) 항소의 제기기간은 7일로 한다. 〈개정 1963. 12. 13.〉

제359조(항소제기의 방식) 항소를 함에는 항소장을 원심법원에 제출하여야 한다. 〈개정 1963. 12. 13.〉

제360조(원심법원의 항소기각 결정) ①항소의 제기가 법률상의 방식에 위반하거나 항소권소멸 후인 것이 명백한 때에는 원심법원은 결정으로 항소를 기각하여야 한다. 〈개정 1963. 12. 13.〉

②전항의 결정에 대하여는 즉시항고를 할 수 있다.

제361조(소송기록과 증거물의 송부) 제360조의 경우를 제외하고는 원심법원은 항소장을 받은 날부터 14일이내에 소송기록과 증거물을 항소법원에 송부하여야 한다.

[전문개정 1995. 12. 29.]

[92헌마44 1995. 11. 30.(1995. 12. 29. 法5054)]

제361조의2(소송기록접수와 통지) ①항소법원이 기록의 송부를 받은 때에는 즉시 항소인과 상대방에게 그 사유를 통지하여야 한다. 〈개정 1963. 12. 13.〉

②전항의 통지 전에 변호인의 선임이 있는 때에는 변호인에게도 전항의 통지를 하여야 한다.

③피고인이 교도소 또는 구치소에 있는 경우에는 원심법원에 대응한 검찰청검사는 제1항의 통지를 받은 날부터 14일이내에 피고인을 항소법원소재지의 교도소 또는 구치소에 이송하여야 한다. 〈신설 1995. 12. 29.〉

[본조신설 1961. 9. 1.]

제361조의3(항소이유서와 답변서) ①항소인 또는 변호인은 전조의 통지를 받은 날로부터 20일 이내에 항소이유서를 항소법원에 제출하여야 한다. 이 경우 제344조를 준용한다. 〈개정 1963. 12. 13., 2007. 12. 21.〉

②항소이유서의 제출을 받은 항소법원은 지체없이 그 부본 또는

등본을 상대방에게 송달하여야 한다. 〈개정 1963. 12. 13.〉

③상대방은 전항의 송달을 받은 날로부터 10일 이내에 답변서를 항소법원에 제출하여야 한다. 〈개정 1963. 12. 13.〉

④답변서의 제출을 받은 항소법원은 지체없이 그 부본 또는 등본을 항소인 또는 변호인에게 송달하여야 한다. 〈개정 1963. 12. 13.〉

[본조신설 1961. 9. 1.]

제361조의4(항소기각의 결정) ①항소인이나 변호인이 전조제1항의 기간 내에 항소이유서를 제출하지 아니한 때에는 결정으로 항소를 기각하여야 한다. 단, 직권조사사유가 있거나 항소장에 항소이유의 기재가 있는 때에는 예외로 한다.

②전항의 결정에 대하여는 즉시항고를 할 수 있다. 〈신설 1963. 12. 13.〉

[본조신설 1961. 9. 1.]

제361조의5(항소이유) 다음 사유가 있을 경우에는 원심판결에 대한 항소이유로 할 수 있다. 〈개정 1963. 12. 13.〉

1. 판결에 영향을 미친 헌법·법률·명령 또는 규칙의 위반이 있는 때

2. 판결 후 형의 폐지나 변경 또는 사면이 있는 때

3. 관할 또는 관할위반의 인정이 법률에 위반한 때

4. 판결법원의 구성이 법률에 위반한 때

5. 삭제 〈1963. 12. 13.〉

6. 삭제 〈1963. 12. 13.〉

7. 법률상 그 재판에 관여하지 못할 판사가 그 사건의 심판에 관여한 때

8. 사건의 심리에 관여하지 아니한 판사가 그 사건의 판결에 관

여한 때

9. 공판의 공개에 관한 규정에 위반한 때

10. 삭제 〈1963. 12. 13.〉

11. 판결에 이유를 붙이지 아니하거나 이유에 모순이 있는 때

12. 삭제 〈1963. 12. 13.〉

13. 재심청구의 사유가 있는 때

14. 사실의 오인이 있어 판결에 영향을 미칠 때

15. 형의 양정이 부당하다고 인정할 사유가 있는 때

[본조신설 1961. 9. 1.]

제362조(항소기각의 결정) ①제360조의 규정에 해당한 경우에 원심법원이 항소기각의 결정을 하지 아니한 때에는 항소법원은 결정으로 항소를 기각하여야 한다. 〈개정 1963. 12. 13.〉

②전항의 결정에 대하여는 즉시 항고를 할 수 있다.

제363조(공소기각의 결정) ①제328조제1항 각 호의 규정에 해당한 사유가 있는 때에는 항소법원은 결정으로 공소를 기각하여야 한다. 〈개정 1963. 12. 13., 1995. 12. 29.〉

②전항의 결정에 대하여는 즉시 항고를 할 수 있다.

제364조(항소법원의 심판) ①항소법원은 항소이유에 포함된 사유에 관하여 심판하여야 한다. 〈개정 1963. 12. 13.〉

②항소법원은 판결에 영향을 미친 사유에 관하여는 항소이유서에 포함되지 아니한 경우에도 직권으로 심판할 수 있다. 〈개정 1963. 12. 13.〉

③제1심법원에서 증거로 할 수 있었던 증거는 항소법원에서도 증거로 할 수 있다. 〈신설 1963. 12. 13.〉

④항소이유 없다고 인정한 때에는 판결로써 항소를 기각하여야 한다. 〈개정 1963. 12. 13.〉

⑤항소이유 없음이 명백한 때에는 항소장, 항소이유서 기타의 소송기록에 의하여 변론없이 판결로써 항소를 기각할 수 있다. 〈개정 1963. 12. 13.〉

⑥항소이유가 있다고 인정한 때에는 원심판결을 파기하고 다시 판결을 하여야 한다. 〈개정 1963. 12. 13.〉

[전문개정 1961. 9. 1.]

제364조의2(공동피고인을 위한 파기) 피고인을 위하여 원심판결을 파기하는 경우에 파기의 이유가 항소한 공동피고인에게 공통되는 때에는 그 공동피고인에게 대하여도 원심판결을 파기하여야 한다. 〈개정 1963. 12. 13.〉

[본조신설 1961. 9. 1.]

제365조(피고인의 출정) ①피고인이 공판기일에 출정하지 아니한 때에는 다시 기일을 정하여야 한다. 〈개정 1961. 9. 1.〉

②피고인이 정당한 사유없이 다시 정한 기일에 출정하지 아니한 때에는 피고인의 진술없이 판결을 할 수 있다.

제366조(원심법원에의 환송) 공소기각 또는 관할위반의 재판이 법률에 위반됨을 이유로 원심판결을 파기하는 때에는 판결로써 사건을 원심법원에 환송하여야 한다.

제367조(관할법원에의 이송) 관할인정이 법률에 위반됨을 이유로 원심판결을 파기하는 때에는 판결로써 사건을 관할법원에 이송하여야 한다. 단, 항소법원이 그 사건의 제1심관할권이 있는 때에는 제1심으로 심판하여야 한다. 〈개정 1963. 12. 13.〉

제368조(불이익변경의 금지) 피고인이 항소한 사건과 피고인을 위하여 항소한 사건에 대해서는 원심판결의 형보다 무거운 형을 선고할 수 없다.

[전문개정 2020. 12. 8.]

第369조(재판서의 기재방식) 항소법원의 재판서에는 항소이유에 대한 판단을 기재하여야 하며 원심판결에 기재한 사실과 증거를 인용할 수 있다. 〈개정 1963. 12. 13.〉

[전문개정 1961. 9. 1.]

第370조(준용규정) 제2편 중 공판에 관한 규정은 본장에 특별한 규정이 없으면 항소의 심판에 준용한다. 〈개정 1963. 12. 13.〉

제3장 상고

第371조(상고할 수 있는 판결) 제2심판결에 대하여 불복이 있으면 대법원에 상고할 수 있다. 〈개정 1963. 12. 13.〉

[전문개정 1961. 9. 1.]

第372조(비약적 상고) 다음 경우에는 제1심판결에 대하여 항소를 제기하지 아니하고 상고를 할 수 있다. 〈개정 1961. 9. 1.〉

1. 원심판결이 인정한 사실에 대하여 법령을 적용하지 아니하였거나 법령의 적용에 착오가 있는 때

2. 원심판결이 있은 후 형의 폐지나 변경 또는 사면이 있는 때

第373조(항소와 비약적 상고) 제1심판결에 대한 상고는 그 사건에 대한 항소가 제기된 때에는 그 효력을 잃는다. 단, 항소의 취하 또는 항소기각의 결정이 있는 때에는 예외로 한다. 〈개정 1963. 12. 13.〉

第374조(상고기간) 상고의 제기기간은 7일로 한다.

第375조(상고제기의 방식) 상고를 함에는 상고장을 원심법원에 제출하여야 한다.

第376조(원심법원에서의 상고기각 결정) ①상고의 제기가 법률상의 방식에 위반하거나 상고권소멸 후인 것이 명백한 때에는 원심법원은 결정으로 상고를 기각하여야 한다.

②전항의 결정에 대하여는 즉시항고를 할 수 있다.

제377조(소송기록과 증거물의 송부) 제376조의 경우를 제외하고는 원심법원은 상고장을 받은 날부터 14일이내에 소송기록과 증거물을 상고법원에 송부하여야 한다.

[전문개정 1995. 12. 29.]

제378조(소송기록접수와 통지) ①상고법원이 소송기록의 송부를 받은 때에는 즉시 상고인과 상대방에 대하여 그 사유를 통지하여야 한다. 〈개정 1961. 9. 1.〉

②전항의 통지 전에 변호인의 선임이 있는 때에는 변호인에 대하여도 전항의 통지를 하여야 한다.

제379조(상고이유서와 답변서) ①상고인 또는 변호인이 전조의 통지를 받은 날로부터 20일 이내에 상고이유서를 상고법원에 제출하여야 한다. 이 경우 제344조를 준용한다. 〈개정 1961. 9. 1., 2007. 12. 21.〉

②상고이유서에는 소송기록과 원심법원의 증거조사에 표현된 사실을 인용하여 그 이유를 명시하여야 한다.

③상고이유서의 제출을 받은 상고법원은 지체없이 그 부본 또는 등본을 상대방에 송달하여야 한다. 〈개정 1961. 9. 1.〉

④상대방은 전항의 송달을 받은 날로부터 10일 이내에 답변서를 상고법원에 제출할 수 있다. 〈개정 1961. 9. 1.〉

⑤답변서의 제출을 받은 상고법원은 지체없이 그 부본 또는 등본을 상고인 또는 변호인에게 송달하여야 한다. 〈개정 1961. 9. 1.〉

제380조(상고기각 결정) ①상고인이나 변호인이 전조제1항의 기간내에 상고이유서를 제출하지 아니한 때에는 결정으로 상고를 기각하여야 한다. 단, 상고장에 이유의 기재가 있는 때에는 예외로 한다. 〈개정 1961. 9. 1., 2014. 5. 14.〉

② 상고장 및 상고이유서에 기재된 상고이유의 주장이 제383조 각 호의 어느 하나의 사유에 해당하지 아니함이 명백한 때에는 결정으로 상고를 기각하여야 한다. 〈신설 2014. 5. 14.〉

제381조(동전) 제376조의 규정에 해당한 경우에 원심법원이 상고기각의 결정을 하지 아니한 때에는 상고법원은 결정으로 상고를 기각하여야 한다. 〈개정 1961. 9. 1.〉

제382조(공소기각의 결정) 제328조제1항 각 호의 규정에 해당하는 사유가 있는 때에는 상고법원은 결정으로 공소를 기각하여야 한다.

[전문개정 1995. 12. 29.]

제383조(상고이유) 다음 사유가 있을 경우에는 원심판결에 대한 상고이유로 할 수 있다. 〈개정 1961. 9. 1., 1963. 12. 13.〉

1. 판결에 영향을 미친 헌법·법률·명령 또는 규칙의 위반이 있는 때

2. 판결후 형의 폐지나 변경 또는 사면이 있는 때

3. 재심청구의 사유가 있는 때

4. 사형, 무기 또는 10년 이상의 징역이나 금고가 선고된 사건에 있어서 중대한 사실의 오인이 있어 판결에 영향을 미친 때 또는 형의 양정이 심히 부당하다고 인정할 현저한 사유가 있는 때

제384조(심판범위) 상고법원은 상고이유서에 포함된 사유에 관하여 심판하여야 한다. 그러나, 전조 제1호 내지 제3호의 경우에는 상고이유서에 포함되지 아니한 때에도 직권으로 심판할 수 있다. 〈개정 1961. 9. 1., 1963. 12. 13.〉

제385조 삭제 〈1961. 9. 1.〉

제386조(변호인의 자격) 상고심에는 변호사 아닌 자를 변호인으로 선임하지 못한다.

제387조(변론능력) 상고심에는 변호인 아니면 피고인을 위하여 변론

하지 못한다.

제388조(변론방식) 검사와 변호인은 상고이유서에 의하여 변론하여야 한다.

제389조(변호인의 불출석등) ①변호인의 선임이 없거나 변호인이 공판기일에 출정하지 아니한 때에는 검사의 진술을 듣고 판결을 할 수 있다. 단, 제283조의 규정에 해당한 경우에는 예외로 한다.

②전항의 경우에 적법한 이유서의 제출이 있는 때에는 그 진술이 있는 것으로 간주한다.

제389조의2(피고인의 소환 여부) 상고심의 공판기일에는 피고인의 소환을 요하지 아니한다.

[본조신설 1995. 12. 29.]

제390조(서면심리에 의한 판결) ①상고법원은 상고장, 상고이유서 기타의 소송기록에 의하여 변론 없이 판결할 수 있다. 〈개정 2007. 6. 1.〉

②상고법원은 필요한 경우에는 특정한 사항에 관하여 변론을 열어 참고인의 진술을 들을 수 있다. 〈신설 2007. 6. 1.〉

[전문개정 1961. 9. 1.]

제391조(원심판결의 파기) 상고이유가 있는 때에는 판결로써 원심판결을 파기하여야 한다.

제392조(공동피고인을 위한 파기) 피고인의 이익을 위하여 원심판결을 파기하는 경우에 파기의 이유가 상고한 공동피고인에 공통되는 때에는 그 공동피고인에 대하여도 원심판결을 파기하여야 한다.

제393조(공소기각과 환송의 판결) 적법한 공소를 기각하였다는 이유로 원심판결 또는 제1심판결을 파기하는 경우에는 판결로써 사건을 원심법원 또는 제1심법원에 환송하여야 한다.

제394조(관할인정과 이송의 판결) 관할의 인정이 법률에 위반됨을

이유로 원심판결 또는 제1심판결을 파기하는 경우에는 판결로써 사건을 관할있는 법원에 이송하여야 한다.

제395조(관할위반과 환송의 판결) 관할위반의 인정이 법률에 위반됨을 이유로 원심판결 또는 제1심판결을 파기하는 경우에는 판결로써 사건을 원심법원 또는 제1심법원에 환송하여야 한다.

제396조(파기자판) ①상고법원은 원심판결을 파기한 경우에 그 소송기록과 원심법원과 제1심법원이 조사한 증거에 의하여 판결하기 충분하다고 인정한 때에는 피고사건에 대하여 직접판결을 할 수 있다. 〈개정 1961. 9. 1.〉

②제368조의 규정은 전항의 판결에 준용한다.

제397조(환송 또는 이송) 전4조의 경우 외에 원심판결을 파기한 때에는 판결로써 사건을 원심법원에 환송하거나 그와 동등한 다른 법원에 이송하여야 한다.

제398조(재판서의 기재방식) 재판서에는 상고의 이유에 관한 판단을 기재하여야 한다. 〈개정 1961. 9. 1〉

제399조(준용규정) 전장의 규정은 본장에 특별한 규정이 없으면 상고의 심판에 준용한다.

제400조(판결정정의 신청) ①상고법원은 그 판결의 내용에 오류가 있음을 발견한 때에는 직권 또는 검사, 상고인이나 변호인의 신청에 의하여 판결로써 정정할 수 있다. 〈개정 1961. 9. 1.〉

②전항의 신청은 판결의 선고가 있은 날로부터 10일 이내에 하여야 한다.

③제1항의 신청은 신청의 이유를 기재한 서면으로 하여야 한다.

제401조(정정의 판결) ①정정의 판결은 변론없이 할 수 있다

②정정할 필요가 없다고 인정한 때에는 지체없이 결정으로 신청을 기각하여야 한다.

제4장 항 고

제402조(항고할 수 있는 재판) 법원의 결정에 대하여 불복이 있으면 항고를 할 수 있다. 단, 이 법률에 특별한 규정이 있는 경우에는 예외로 한다.

제403조(판결 전의 결정에 대한 항고) ①법원의 관할 또는 판결 전의 소송절차에 관한 결정에 대하여는 특히 즉시항고를 할 수 있는 경우 외에는 항고를 하지 못한다.

②전항의 규정은 구금, 보석, 압수나 압수물의 환부에 관한 결정 또는 감정하기 위한 피고인의 유치에 관한 결정에 적용하지 아니한다.

제404조(보통항고의 시기) 항고는 즉시항고 외에는 언제든지 할 수 있다. 단, 원심결정을 취소하여도 실익이 없게 된 때에는 예외로 한다.

[제목개정 1963. 12. 13.]

제405조(즉시항고의 제기기간) 즉시항고의 제기기간은 7일로 한다. 〈개정 2019. 12. 31.〉

[2019. 12. 31. 법률 제16850호에 의하여 2018. 12. 27. 헌법재판소에서 헌법불합치 결정된 이 조를 개정함.]

제406조(항고의 절차) 항고를 함에는 항고장을 원심법원에 제출하여야 한다.

제407조(원심법원의 항고기각 결정) ①항고의 제기가 법률상의 방식에 위반하거나 항고권소멸 후인 것이 명백한 때에는 원심법원은 결정으로 항고를 기각하여야 한다.

②전항의 결정에 대하여는 즉시항고를 할 수 있다.

제408조(원심법원의 갱신결정) ①원심법원은 항고가 이유있다고 인정한 때에는 결정을 경정하여야 한다.

②항고의 전부 또는 일부가 이유없다고 인정한 때에는 항고장을

받은 날로부터 3일 이내에 의견서를 첨부하여 항고법원에 송부하여야 한다.

제409조(보통항고와 집행정지) 항고는 즉시항고 외에는 재판의 집행을 정지하는 효력이 없다. 단, 원심법원 또는 항고법원은 결정으로 항고에 대한 결정이 있을 때까지 집행을 정지할 수 있다.

제410조(즉시항고와 집행정지의 효력) 즉시항고의 제기기간 내와 그 제기가 있는 때에는 재판의 집행은 정지된다.

제411조(소송기록등의 송부) ①원심법원이 필요하다고 인정한 때에는 소송기록과 증거물을 항고법원에 송부하여야 한다.

②항고법원은 소송기록과 증거물의 송부를 요구할 수 있다.

③전2항의 경우에 항고법원이 소송기록과 증거물의 송부를 받은 날로부터 5일 이내에 당사자에게 그 사유를 통지하여야 한다.

제412조(검사의 의견진술) 검사는 항고사건에 대하여 의견을 진술할 수 있다.

제413조(항고기각의 결정) 제407조의 규정에 해당한 경우에 원심법원이 항고기각의 결정을 하지 아니한 때에는 항고법원은 결정으로 항고를 기각하여야 한다.

제414조(항고기각과 항고이유 인정) ①항고를 이유없다고 인정한 때에는 결정으로 항고를 기각하여야 한다.

②항고를 이유있다고 인정한 때에는 결정으로 원심결정을 취소하고 필요한 경우에는 항고사건에 대하여 직접 재판을 하여야 한다.

제415조(재항고) 항고법원 또는 고등법원의 결정에 대하여는 재판에 영향을 미친 헌법·법률·명령 또는 규칙의 위반이 있음을 이유로 하는 때에 한하여 대법원에 즉시항고를 할 수 있다.

[전문개정 1963. 12. 13.]

제416조(준항고) ①재판장 또는 수명법관이 다음 각 호의 1에 해당

한 재판을 고지한 경우에 불복이 있으면 그 법관소속의 법원에 재판의 취소 또는 변경을 청구할 수 있다.

1. 기피신청을 기각한 재판

2. 구금, 보석, 압수 또는 압수물환부에 관한 재판

3. 감정하기 위하여 피고인의 유치를 명한 재판

4. 증인, 감정인, 통역인 또는 번역인에 대하여 과태료 또는 비용의 배상을 명한 재판

②지방법원이 전항의 청구를 받은 때에는 합의부에서 결정을 하여야 한다.

③제1항의 청구는 재판의 고지있는 날로부터 7일 이내에 하여야 한다. 〈개정 2019. 12. 31.〉

④제1항제4호의 재판은 전항의 청구기간 내와 청구가 있는 때에는 그 재판의 집행은 정지된다.

제417조(동전) 검사 또는 사법경찰관의 구금, 압수 또는 압수물의 환부에 관한 처분과 제243조의2에 따른 변호인의 참여 등에 관한 처분에 대하여 불복이 있으면 그 직무집행지의 관할법원 또는 검사의 소속검찰청에 대응한 법원에 그 처분의 취소 또는 변경을 청구할 수 있다. 〈개정 2007. 6. 1., 2007. 12. 21.〉

제418조(준항고의 방식) 전2조의청구는 서면으로 관할법원에 제출하여야 한다.

제419조(준용규정) 제409조, 제413조, 제414조, 제415조의 규정은 제416조, 제417조의 청구있는 경우에 준용한다. 〈개정 1995. 12. 29.〉

제4편 특별소송절차

제1장 재심

제420조(재심이유) 재심은 다음 각 호의 어느 하나에 해당하는 이유

가 있는 경우에 유죄의 확정판결에 대하여 그 선고를 받은 자의 이익을 위하여 청구할 수 있다.

1. 원판결의 증거가 된 서류 또는 증거물이 확정판결에 의하여 위조되거나 변조된 것임이 증명된 대

2. 원판결의 증거가 된 증언, 감정, 통역 또는 번역이 확정판결에 의하여 허위임이 증명된 때

3. 무고(誣告)로 인하여 유죄를 선고받은 경우에 그 무고의 죄가 확정판결에 의하여 증명된 때

4. 원판결의 증거가 된 재판이 확정재판에 의하여 변경된 때

5. 유죄를 선고받은 자에 대하여 무죄 또는 면소를, 형의 선고를 받은 자에 대하여 형의 면제 또는 원판결이 인정한 죄보다 가벼운 죄를 인정할 명백한 증거가 새로 발견된 때

6. 저작권, 특허권, 실용신안권, 디자인권 또는 상표권을 침해한 죄로 유죄의 선고를 받은 사건에 관하여 그 권리에 대한 무효의 심결 또는 무효의 판결이 확정된 때

7. 원판결, 전심판결 또는 그 판결의 기초가 된 조사에 관여한 법관, 공소의 제기 또는 그 공소의 기초가 된 수사에 관여한 검사나 사법경찰관이 그 직무에 관한 죄를 지은 것이 확정판결에 의하여 증명된 때. 다만, 원판결의 선고 전에 법관, 검사 또는 사법경찰관에 대하여 공소가 제기되었을 경우에는 원판결의 법원이 그 사유를 알지 못한 때로 한정한다.

[전문개정 2020. 12. 8.]

제421조(동전) ①항소 또는 상고의 기각판결에 대하여는 전조제1호, 제2호, 제7호의 사유있는 경우에 한하여 그 선고를 받은 자의 이익을 위하여 재심을 청구할 수 있다. 〈개정 1963. 12. 13.〉

②제1심확정판결에 대한 재심청구사건의 판결이 있은 후에는 항

소기각 판결에 대하여 다시 재심을 청구하지 못한다. 〈개정 1963. 12. 13.〉

③제1심 또는 제2심의 확정판결에 대한 재심청구사건의 판결이 있은 후에는 상고기각판결에 대하여 다시 재심을 청구하지 못한다.

제422조(확정판결에 대신하는 증명) 전2조의 규정에 의하여 확정판결로써 범죄가 증명됨을 재심청구의 이유로 할 경우에 그 확정판결을 얻을 수 없는 때에는 그 사실을 증명하여 재심의 청구를 할 수 있다. 단, 증거가 없다는 이유로 확정판결을 얻을 수 없는 때에는 예외로 한다.

제423조(재심의 관할) 재심의 청구는 원판결의 법원이 관할한다.

제424조(재심청구권자) 다음 각 호의 1에 해당하는 자는 재심의 청구를 할 수 있다.

1. 검사
2. 유죄의 선고를 받은 자
3. 유죄의 선고를 받은 자의 법정대리인
4. 유죄의 선고를 받은 자가 사망하거나 심신장애가 있는 경우에는 그 배우자, 직계친족 또는 형제자매

제425조(검사만이 청구할 수 있는 재심) 제420조제7호의 사유에 의한 재심의 청구는 유죄의 선고를 받은 자가 그 죄를 범하게 한 경우에는 검사가 아니면 하지 못한다.

제426조(변호인의 선임) ①검사 이외의 자가 재심의 청구를 하는 경우에는 변호인을 선임할 수 있다.

②전항의 규정에 의한 변호인의 선임은 재심의 판결이 있을 때까지 그 효력이 있다.

제427조(재심청구의 시기) 재심의 청구는 형의 집행을 종료하거나 형의 집행을 받지 아니하게 된 때에도 할 수 있다.

제428조(재심과 집행정지의 효력) 재심의 청구는 형의 집행을 정지하는 효력이 없다. 단 관할법원에 대응한 검찰청검사는 재심청구에 대한 재판이 있을 때까지 형의 집행을 정지할 수 있다.

제429조(재심청구의 취하) ①재심의 청구는 취하할 수 있다.

②재심의 청구를 취하한 자는 동일한 이유로써 다시 재심을 청구하지 못한다.

제430조(재소자에 대한 특칙) 제344조의 규정은 재심의 청구와 그 취하에 준용한다.

제431조(사실조사) ①재심의 청구를 받은 법원은 필요하다고 인정한 때에는 합의부원에게 재심청구의 이유에 대한 사실조사를 명하거나 다른 법원판사에게 이를 촉탁할 수 있다.

②전항의 경우에는 수명법관 또는 수탁판사는 법원 또는 재판장과 동일한 권한이 있다.

제432조(재심에 대한 결정과 당사자의 의견) 재심의 청구에 대하여 결정을 함에는 청구한 자와 상대방의 의견을 들어야 한다. 단, 유죄의 선고를 받은 자의 법정대리인이 청구한 경우에는 유죄의 선고를 받은 자의 의견을 들어야 한다.

제433조(청구기각 결정) 재심의 청구가 법률상의 방식에 위반하거나 청구권의 소멸 후인 것이 명백한 때에는 결정으로 기각하여야 한다.

제434조(동전) ①재심의 청구가 이유없다고 인정한 때에는 결정으로 기각하여야 한다.

②전항의 결정이 있는 때에는 누구든지 동일한 이유로써 다시 재심을 청구하지 못한다.

제435조(재심개시의 결정) ①재심의 청구가 이유있다고 인정한 때에는 재심개시의 결정을 하여야 한다.

②재심개시의 결정을 할 때에는 결정으로 형의 집행을 정지할 수

있다. 〈개정 1995. 12. 29.〉

제436조(청구의 경합과 청구기각의 결정) ①항소기각의 확정판결과 그 판결에 의하여 확정된 제1심판결에 대하여 재심의 청구가 있는 경우에 제1심법원이 재심의 판결을 한 때에는 항소법원은 결정으로 재심의 청구를 기각하여야 한다. 〈개정 1963. 12. 13.〉

②제1심 또는 제2심판결에 대한 상고기각의 판결과 그 판결에 의하여 확정된 제1심 또는 제2심의 판결에 대하여 재심의 청구가 있는 경우에 제1심법원 또는 항소법원이 재심의 판결을 한 때에는 상고법원은 결정으로 재심의 청구를 기각하여야 한다. 〈개정 1963. 12. 13.〉

제437조(즉시항고) 제433조, 제434조제1항, 제435조제1항과 전조제1항의 결정에 대하여는 즉시항고를 할 수 있다.

제438조(재심의 심판) ①재심개시의 결정이 확정한 사건에 대하여는 제436조의 경우 외에는 법원은 그 심급에 따라 다시 심판을 하여야 한다.

②다음 경우에는 제306조제1항, 제328조제1항제2호의 규정은 전항의 심판에 적용하지 아니한다. 〈개정 2014. 12. 30.〉

1. 사망자 또는 회복할 수 없는 심신장애인을 위하여 재심의 청구가 있는 때

2. 유죄의 선고를 받은 자가 재심의 판결 전에 사망하거나 회복할 수 없는 심신장애인으로 된 때

③전항의 경우에는 피고인이 출정하지 아니하여도 심판을 할 수 있다. 단, 변호인이 출정하지 아니하면 개정하지 못한다.

④전2항의 경우에 재심을 청구한 자가 변호인을 선임하지 아니한 때에는 재판장은 직권으로 변호인을 선임하여야 한다.

제439조(불이익변경의 금지) 재심에는 원판결의 형보다 무거운 형을

선고할 수 없다.

[전문개정 2020. 12. 8.]

제440조(무죄판결의 공시) 재심에서 무죄의 선고를 한 때에는 그 판결을 관보와 그 법원소재지의 신문지에 기재하여 공고하여야 한다. 다만, 다음 각 호의 어느 하나에 해당하는 사람이 이를 원하지 아니하는 의사를 표시한 경우에는 그러하지 아니하다.

1. 제424조제1호부터 제3호까지의 어느 하나에 해당하는 사람이 재심을 청구한 때에는 재심에서 무죄의 선고를 받은 사람

2. 제424조제4호에 해당하는 사람이 재심을 청구한 때에는 재심을 청구한 그 사람

[전문개정 2016. 5. 29.]

제2장 비상상고

제441조(비상상고이유) 검찰총장은 판결이 확정한 후 그 사건의 심판이 법령에 위반한 것을 발견한 대에는 대법원에 비상상고를 할 수 있다.

제442조(비상상고의 방식) 비상상고를 함에는 그 이유를 기재한 신청서를 대법원에 제출하여야 한다.

제443조(공판기일) 공판기일에는 검사는 신청서에 의하여 진술하여야 한다.

제444조(조사의 범위, 사실의 조사) ①대법원은 신청서에 포함된 이유에 한하여 조사하여야 한다.

②법원의 관할, 공소의 수리와 소송절차에 관하여는 사실조사를 할 수 있다.

③전항의 경우에는 제431조의 규정을 준용한다.

제445조(기각의 판결) 비상상고가 이유 없다고 인정한 때에는 판결

로써 이를 기각하여야 한다.

제446조(파기의 판결) 비상상고가 이유 있다고 인정한 때에는 다음의 구별에 따라 판결을 하여야 한다.

1. 원판결이 법령에 위반한 때에는 그 위반된 부분을 파기하여야 한다. 단, 원판결이 피고인에게 불이익한 때에는 원판결을 파기하고 피고사건에 대하여 다시 판결을 한다.

2. 원심소송절차가 법령에 위반한 때에는 그 위반된 절차를 파기한다.

제447조(판결의 효력) 비상상고의 판결은 전조제1호 단행의 규정에 의한 판결 외에는 그 효력이 피고인에게 미치지 아니한다.

제3장 약식절차

제448조(약식명령을 할 수 있는 사건) ①지방법원은 그 관할에 속한 사건에 대하여 검사의 청구가 있는 때에는 공판절차없이 약식명령으로 피고인을 벌금, 과료 또는 몰수에 처할 수 있다.

②전항의 경우에는 추징 기타 부수의 처분을 할 수 있다.

제449조(약식명령의 청구) 약식명령의 청구는 공소의 제기와 동시에 서면으로 하여야 한다.

제450조(보통의 심판) 약식명령의 청구가 있는 경우에 그 사건이 약식명령으로 할 수 없거나 약식명령으로 하는 것이 적당하지 아니하다고 인정한 때에는 공판절차에 의하여 심판하여야 한다.

제451조(약식명령의 방식) 약식명령에는 범죄사실, 적용법령, 주형, 부수처분과 약식명령의 고지를 받은 날로부터 7일 이내에 정식재판의 청구를 할 수 있음을 명시하여야 한다.

제452조(약식명령의 고지) 약식명령의 고지는 검사와 피고인에 대한 재판서의 송달에 의하여 한다.

제453조(정식재판의 청구) ①검사 또는 피고인은 약식명령의 고지를 받은 날로부터 7일 이내에 정식재판의 청구를 할 수 있다. 단, 피고인은 정식재판의 청구를 포기할 수 없다.

②정식재판의 청구는 약식명령을 한 법원에 서면으로 제출하여야 한다.

③정식재판의 청구가 있는 때에는 법원은 지체없이 검사 또는 피고인에게 그 사유를 통지하여야 한다.

제454조(정식재판청구의 취하) 정식재판의 청구는 제1심판결선고 전까지 취하할 수 있다.

제455조(기각의 결정) ①정식재판의 청구가 법령상의 방식에 위반하거나 청구권의 소멸 후인 것이 명백한 때에는 결정으로 기각하여야 한다.

②전항의 결정에 대하여는 즉시항고를 할 수 있다.

③정식재판의 청구가 적법한 때에는 공판절차에 의하여 심판하여야 한다.

제456조(약식명령의 실효) 약식명령은 정식재판의 청구에 의한 판결이 있는 때에는 그 효력을 잃는다.

제457조(약식명령의 효력) 약식명령은 정식재판의 청구기간이 경과하거나 그 청구의 취하 또는 청구기각의 결정이 확정한 때에는 확정판결과 동일한 효력이 있다.

제457조의2(형종 상향의 금지 등) ① 피고인이 정식재판을 청구한 사건에 대하여는 약식명령의 형보다 중한 종류의 형을 선고하지 못한다.

② 피고인이 정식재판을 청구한 사건에 대하여 약식명령의 형보다 중한 형을 선고하는 경우에는 판결서에 양형의 이유를 적어야 한다.

[전문개정 2017. 12. 19.]

제458조(준용규정) ①제340조 내지 제342조, 제345조 내지 제352조, 제354조의 규정은 정식재판의 청구 또는 그 취하에 준용한다.

②제365조의 규정은 정식재판절차의 공판기일에 정식재판을 청구한 피고인이 출석하지 아니한 경우에 이를 준용한다. 〈신설 1995. 12. 29.〉

[제목개정 1995. 12. 29.]

제5편 재판의 집행

제459조(재판의 확정과 집행) 재판은 이 법률에 특별한 규정이 없으면 확정한 후에 집행한다.

제460조(집행지휘) ①재판의 집행은 그 재판을 한 법원에 대응한 검찰청검사가 지휘한다. 단, 재판의 성질상 법원 또는 법관이 지휘할 경우에는 예외로 한다.

②상소의 재판 또는 상소의 취하로 인하여 하급법원의 재판을 집행할 경우에는 상소법원에 대응한 검찰청검사가 지휘한다. 단, 소송기록이 하급법원 또는 그 법원에 대응한 검찰청에 있는 때에는 그 검찰청검사가 지휘한다.

제461조(집행지휘의 방식) 재판의 집행지휘는 재판서 또는 재판을 기재한 조서의 등본 또는 초본을 첨부한 서면으로 하여야 한다. 단, 형의 집행을 지휘하는 경우 외에는 재판서의 원본, 등본이나 초본 또는 조서의 등본이나 초본에 인정하는 날인으로 할 수 있다.

제462조(형 집행의 순서) 2이상의 형을 집행하는 경우에 자격상실, 자격정지, 벌금, 과료와 몰수 외에는 무거운 형을 먼저 집행한다. 다만, 검사는 소속 장관의 허가를 얻어 무거운 형의 집행을 정지하고 다른 형의 집행을 할 수 있다.

[전문개정 2020. 12. 8.]

제463조(사형의 집행) 사형은 법무부장관의 명령에 의하여 집행한다.

제464조(사형판결확정과 소송기록의 제출) 사형을 선고한 판결이 확정한 때에는 검사는 지체없이 소송기록을 법무부장관에게 제출하여야 한다.

제465조(사형집행명령의 시기) ①사형집행의 명령은 판결이 확정된 날로부터 6월 이내에 하여야 한다.

②상소권회복의 청구, 재심의 청구 또는 비상상고의 신청이 있는 때에는 그 절차가 종료할 때까지의 기간은 전항의 기간에 산입하지 아니한다.

제466조(사형집행의 기간) 법무부장관이 사형의 집행을 명한 때에는 5일 이내에 집행하여야 한다.

제467조(사형집행의 참여) ①사형의 집행에는 검사와 검찰청서기관과 교도소장 또는 구치소장이나 그 대리자가 참여하여야 한다. 〈개정 1963. 12. 13.〉

②검사 또는 교도소장 또는 구치소장의 허가가 없으면 누구든지 형의 집행장소에 들어가지 못한다. 〈개정 1963. 12. 13.〉

제468조(사형집행조서) 사형의 집행에 참여한 검찰청서기관은 집행조서를 작성하고 검사와 교도소장 또는 구치소장이나 그 대리자와 함께 기명날인 또는 서명하여야 한다. 〈개정 1963. 12. 13., 2007. 6. 1.〉

제469조(사형 집행의 정지) ① 사형선고를 받은 사람이 심신의 장애로 의사능력이 없는 상태이거나 임신 중인 여자인 때에는 법무부장관의 명령으로 집행을 정지한다.

② 제1항에 따라 형의 집행을 정지한 경우에는 심신장애의 회복 또는 출산 후에 법무부장관의 명령에 의하여 형을 집행한다.

[전문개정 2020. 12. 8.]

第470조(자유형집행의 정지) ①징역, 금고 또는 구류의 선고를 받은 자가 심신의 장애로 의사능력이 없는 상태에 있는 때에는 형을 선고한 법원에 대응한 검찰청검사 또는 형의 선고를 받은 자의 현재지를 관할하는 검찰청검사의 지휘에 의하여 심신장애가 회복될 때까지 형의 집행을 정지한다.

②전항의 규정에 의하여 형의 집행을 정지한 경우에는 검사는 형의 선고를 받은 자를 감호의무자 또는 지방공공단체에 인도하여 병원 기타 적당한 장소에 수용하게 할 수 있다.

③형의 집행이 정지된 자는 전항의 처분이 있을 때까지 교도소 또는 구치소에 구치하고 그 기간을 형기에 산입한다. 〈개정 1963. 12. 13.〉

第471조(동전) ①징역, 금고 또는 구류의 선고를 받은 자에 대하여 다음 각 호의 1에 해당한 사유가 있는 때에는 형을 선고한 법원에 대응한 검찰청검사 또는 형의 선고를 받은 자의 현재지를 관할하는 검찰청검사의 지휘에 의하여 형의 집행을 정지할 수 있다. 〈개정 2007. 12. 21.〉

1. 형의 집행으로 인하여 현저히 건강을 해하거나 생명을 보전할 수 없을 염려가 있는 때
2. 연령 70세 이상인 때
3. 잉태 후 6월 이상인 때
4. 출산 후 60일을 경과하지 아니한 때
5. 직계존속이 연령 70세 이상 또는 중병이나 장애인으로 보호할 다른 친족이 없는 때
6. 직계비속이 유년으로 보호할 다른 친족이 없는 때
7. 기타 중대한 사유가 있는 때

②검사가 전항의 지휘를 함에는 소속 고등검찰청검사장 또는 지방

검찰청검사장의 허가를 얻어야 한다. 〈개정 2004. 1. 20., 2007. 6. 1.〉

제471조의2(형집행정지 심의위원회) ① 제471조제1항제1호의 형집행정지 및 그 연장에 관한 사항을 심의하기 위하여 각 지방검찰청에 형집행정지 심의위원회(이하 이 조에서 "심의위원회"라 한다)를 둔다.

② 심의위원회는 위원장 1명을 포함한 10명 이내의 위원으로 구성하고, 위원은 학계, 법조계, 의료계, 시민단체 인사 등 학식과 경험이 있는 사람 중에서 각 지방검찰청 검사장이 임명 또는 위촉한다.

③ 심의위원회의 구성 및 운영 등 그 밖에 필요한 사항은 법무부령으로 정한다.

[본조신설 2015. 7. 31.]

제472조(소송비용의 집행정지) 제487조에 규정된 신청기간 내와 그 신청이 있는 때에는 소송비용부담의 재판의 집행은 그 신청에 대한 재판이 확정될 때까지 정지된다.

제473조(집행하기 위한 소환) ①사형, 징역, 금고 또는 구류의 선고를 받은 자가 구금되지 아니한 때에는 검사는 형을 집행하기 위하여 이를 소환하여야 한다.

②소환에 응하지 아니한 때에는 검사는 형집행장을 발부하여 구인하여야 한다. 〈개정 1973. 1. 25.〉

③제1항의 경우에 형의 선고를 받은 자가 도망하거나 도망할 염려가 있는 때 또는 현재지를 알 수 없는 때에는 소환함이 없이 형집행장을 발부하여 구인할 수 있다. 〈개정 1973. 1. 25.〉

제474조(형집행장의 방식과 효력) ①전조의 형집행장에는 형의 선고를 받은 자의 성명, 주거, 연령, 형명, 형기 기타 필요한 사항을 기재하여야 한다.

②형집행장은 구속영장과 동일한 효력이 있다.

[전문개정 1973. 1. 25.]

제475조(형집행장의 집행) 전2조의 규정에 의한 형집행장의 집행에는 제1편제9장 피고인의 구속에 관한 규정을 준용한다.

[전문개정 1973. 1. 25.]

제476조(자격형의 집행) 자격상실 또는 자격정지의 선고를 받은 자에 대하여는 이를 수형자원부에 기재하고 지체없이 그 등본을 형의 선고를 받은 자의 등록기준지와 주거지의 시(區가 設置되지 아니한 市를 말한다. 이하 같다)·구· 읍·면장(都農複合形態의 市에 있어서는 洞地域인 경우에는 市·區 의 長, 邑·面地域인 경우에는 邑·面의 長으로 한다)에게 송부하여야 한다. 〈개정 1994. 12. 22., 2007. 5. 17.〉

제477조(재산형 등의 집행) ①벌금, 과료, 몰수, 추징, 과태료, 소송비용, 비용배상 또는 가납의 재판은 검사의 명령에 의하여 집행한다.

②전항의 명령은 집행력 있는 채무명의와 동일한 효력이 있다.

③제1항의 재판의 집행에는 「민사집행법」의 집행에 관한 규정을 준용한다. 단, 집행 전에 재판의 송달을 요하지 아니한다. 〈개정 2002. 1. 26., 2007. 6. 1.〉

④제3항에도 불구하고 제1항의 재판은 「국세징수법」에 따른 국세체납처분의 예에 따라 집행할 수 있다. 〈신설 2007. 6. 1.〉

⑤검사는 제1항의 재판을 집행하기 위하여 필요한 조사를 할 수 있다. 이 경우 제199조제2항을 준용한다. 〈신설 2007. 6. 1.〉

⑥ 벌금, 과료, 추징, 과태료, 소송비용 또는 비용배상의 분할납부, 납부연기 및 납부대행기관을 통한 납부 등 납부방법에 필요한 사항은 법무부령으로 정한다. 〈신설 2016. 1. 6.〉

第478條(상속재산에 대한 집행) 몰수 또는 조세, 전매 기타 공과에 관한 법령에 의하여 재판한 벌금 드는 추징은 그 재판을 받은 자가 재판확정 후 사망한 경우에는 그 상속재산에 더하여 집행할 수 있다.

第479條(합병 후 법인에 대한 집행) 법인에 대하여 벌금 ,과료, 몰수, 추징, 소송비용 또는 비용배상을 명한 경우에 법인이 그 재판확정 후 합병에 의하여 소멸한 때에는 합병 후 존속한 법인 또는 합병에 의하여 설립된 법인에 대하여 집행할 수 있다.

第480條(가납집행의 조정) 제1심가납의 재판을 집행한 후에 제2심가납의 재판이 있는 때에는 제1심재판의 집행은 제2심가납금액의 한도에서 제2심재판의 집행으로 간주한다.

第481條(가납집행과 본형의 집행) 가납의 재판을 집행한 후 벌금, 과료 또는 추징의 재판이 확정한 때에는 그 금액의 한도에서 형의 집행이 된 것으로 간주한다.

第482條(판결확정 전 구금일수 등의 산입) ① 판결선고 후 판결확정 전 구금일수(판결선고 당일의 구금일수를 포함한다)는 전부를 본형에 산입한다. 〈개정 2015. 7. 31.〉

②상소기각 결정 시에 송달기간이나 즉시항고기간 중의 미결구금일수는 전부를 본형에 산입한다. 〈신설 2007. 6. 1., 2015. 7. 31.〉

③ 제1항 및 제2항의 경우에는 구금일수의 1일을 형기의 1일 또는 벌금이나 과료에 관한 유치기간의 1일로 계산한다. 〈개정 2015. 7. 31.〉

[제목개정 2015. 7. 31.]

[2015. 7. 31. 법률 제13454호에 의하여 2009. 12. 29. 헌법재판소에서 헌법불합치 결정된 이 조를 개정함.]

第483條(몰수물의 처분) 몰수물은 검사가 처분하여야 한다. 〈개정

1995. 12. 29.〉

제484조(몰수물의 교부) ①몰수를 집행한 후 3월 이내에 그 몰수물에 대하여 정당한 권리있는 자가 몰수물의 교부를 청구한 때에는 검사는 파괴 또는 폐기할 것이 아니면 이를 교부하여야 한다.

②몰수물을 처분한 후 전항의 청구가 있는 경우에는 검사는 공매에 의하여 취득한 대가를 교부하여야 한다.

제485조(위조등의 표시) ①위조 또는 변조한 물건을 환부하는 경우에는 그 물건의 전부 또는 일부에 위조나 변조인 것을 표시하여야 한다.

②위조 또는 변조한 물건이 압수되지 아니한 경우에는 그 물건을 제출하게 하여 전항의 처분을 하여야 한다. 단, 그 물건이 공무소에 속한 것인 때에는 위조나 변조의 사유를 공무소에 통지하여 적당한 처분을 하게 하여야 한다.

제486조(환부불능과 공고) ①압수물의 환부를 받을 자의 소재가 불명하거나 기타 사유로 인하여 환부를 할 수 없는 경우에는 검사는 그 사유를 관보에 공고하여야 한다.

②공고한 후 3월 이내에 환부의 청구가 없는 때에는 그 물건은 국고에 귀속한다. 〈개정 1973. 1. 25.〉

③전항의 기간 내에도 가치없는 물건은 폐기할 수 있고 보관하기 어려운 물건은 공매하여 그 대가를 보관할 수 있다. 〈개정 2007. 6. 1.〉

제487조(소송비용의 집행면제의 신청) 소송비용부담의 재판을 받은 자가 빈곤하여 이를 완납할 수 없는 때에는 그 재판의 확정 후 10일 이내에 재판을 선고한 법원에 소송비용의 전부 또는 일부에 대한 재판의 집행면제를 신청할 수 있다.

제488조(의의신청) 형의 선고를 받은 자는 집행에 관하여 재판의 해

석에 대한 의의가 있는 때에는 재판을 선고한 법원에 의의신청을 할 수 있다.

제489조(이의신청) 재판의 집행을 받은 자 또는 그 법정대리인이나 배우자는 집행에 관한 검사의 처분이 부당함을 이유로 재판을 선고한 법원에 이의신청을 할 수 있다.

제490조(신청의 취하) ①전3조의 신청은 법원의 결정이 있을 때까지 취하할 수 있다.

②제344조의 규정은 전3조의 신청과 그 취하에 준용한다.

제491조(즉시항고) ①제487조 내지 제489조의 신청이 있는 때에는 법원은 결정을 하여야 한다.

②전항의 결정에 대하여는 즉시항고를 할 수 있다.

제492조(노역장유치의 집행) 벌금 또는 과료를 완납하지 못한 자에 대한 노역장유치의 집행에는 형의 집행에 관한 규정을 준용한다.

제493조(집행비용의 부담) 제477조제1항의 재판집행비용은 집행을 받은 자의 부담으로 하고 「민사집행법」의 규정에 준하여 집행과 동시에 징수하여야 한다. 〈개정 2002. 1. 26., 2007. 6. 1.〉

부칙 〈제341호, 1954. 9. 23.〉

제1조 본법 시행전에 공소를 제기한 사건에는 구법을 적용한다.

제2조 본법 시행후에 공소를 제기한 사건에는 본법을 적용한다. 단, 본법시행전에 구법에 의하여 행한 소송행위의 효력에는 영향을 미치지 아니한다.

제3조 본법 시행전에 구법에 의하여 행한 소송절차로 본법의 규정에 상당한 것은 본법에 의하여 행한 것으로 간주한다.

제4조 본법 시행전 진행된 법정기간과 소송행위를 할 자의 주거나 사무소의 소재지와 법원 소재지의 거리에 의한 부가기간은 구법의

규정에 의한다.

제5조 본법 제45조의 규정에 의하여 소송관계인이 재판서나 재판을 기재한 조서의 등본 또는 초본의 교부를 청구할 경우에는 용지1매 50환으로 계산한 수입인지를 첨부하여야 한다.

제6조 본법 시행당시 법원에 계속된 사건의 처리에 관한 필요사항은 본법에 특별한 규정이 없으면 대법원규칙의 정한 바에 의한다.

제7조 당분간 본법에 규정한 과태료와 부칙 제5조의 용지요금액은 경제사정의 변동에 따라 대법원규칙으로 증감할 수 있다.

제8조 본법 시행직전까지 시행된 다음 법령은 폐지한다.

1. 조선형사령중 본법에 저촉되는 법조
2. 미군정법령중 본법에 저촉되는 법조

제9조 (시행일) 이 법률은 단기 4287년 5월 30일부터 시행한다.

부칙 〈제705호, 1961. 9. 1.〉

(경과규정) ①본법은 본법 시행당시 법원에 계속된 사건에 적용한다. 단, 본법 시행전의 소송행위의 효력에 영향을 미치지 아니한다.

②본법 시행전에 상소한 사건은 종전의 예에 의하여 처리한다.

(시행일) 본법은 공포한 날로부터 시행한다.

부칙 〈제1500호, 1963. 12. 13.〉

①이 법은 1963년 12월 17일부터 시행한다.

②이 법은 이 법 시행당시 법원에 계속된 사건에 적용한다. 그러나, 이 법 시행전에 구법에 의하여 행한 소송행위의 효력에 영향을 미치지 아니한다.

③이 법 시행당시 계속중인 상소사건으로서 제출기간이 경과하였거나 기록접수 통지를 받은 사건의 상소이유서는 이 법 시행일로부

터 20일까지 다시 제출할 수 있다.

부칙 〈제2450호, 1973. 1. 25.〉

①(시행일) 이 법은 1973년 2월 1일부터 시행한다.

②(경과조치) 이 법은 이 법 시행당시 법원에 계속된 사건에 적용한다. 그러나 이 법 시행전에 구법에 의하여 행한 소송행위의 효력에 영향을 미치지 아니한다.

③(동전) 이 법 시행전에 구법에 의하여 과태료에 처할 행위를 한 자의 처벌에 대하여는 이 법 시행후에도 구법을 적용한다.

④(동전) 이 법 시행전에 진행이 개시된 법정기간에 관하여는 이 법 시행후에도 구법을 적용한다.

⑤(동전) 제286조의2의 규정은 이 법 시행전에 공소가 제기된 사건에 대하여는 적용하지 아니한다.

부칙 〈제2653호, 1973. 12. 20.〉

이 법은 공포한 날로부터 시행한다.

부칙 〈제3282호, 1980. 12. 18.〉

이 법은 공포한 날로부터 시행한다.

부칙 〈제3955호, 1987. 11. 28.〉

①(시행일) 이 법은 1988년 2월 25일부터 시행한다.

②(경과조치) 이 법은 이 법 시행당시 법원에 계속된 사건에 대하여 적용한다. 다만, 이 법 시행전에 종전의 규정에 의하여 행한 소송행위의 효력에는 영향을 미치지 아니한다.

부칙 〈제4796호, 1994. 12. 22.〉 (도농복합형태의시설치에따른행정특례등에관한법률)

제1조 (시행일) 이 법은 1995년 1월 1일부터 시행한다.

제2조 생략

제3조 (다른 법률의 개정) ①내지 ⑨생략

⑩형사소송법중 다음과 같이 개정한다.

제476조중 "시 · 읍 · 면장"을 "시(구가 설치되지 아니한 시를 말한다 이하 같다) · 구 · 읍 · 면장(도농복합형태의 시에 있어서는 동지역인 경우에는 시 · 구 의 장 · 읍.면의 장으로 한다)"으로 한다.

⑪내지 ㉕ 생략

제4조 생략

부칙 〈제5054호, 1995. 12. 29.〉

①(시행일) 이 법은 1997년 1월 1일부터 시행한다. 다만, 제56조의2, 제361조, 제361조의2, 제377조의 개정규정은 공포한 날부터 시행한다.

②(경과조치) 이 법은 이 법 시행당시 법원 또는 검찰에 계속된 사건에 대하여 적용한다. 다만, 이 법 시행전 종전의 규정에 의하여 행한 소송행위의 효력에는 영향을 미치지 아니한다.

부칙 〈제5435호, 1997. 12. 13.〉

①(시행일) 이 법은 공포한 날부터 시행한다.

②(경과조치) 이 법은 이 법 시행당시 체포 또는 구인된 자부터 적용한다.

부칙 〈제5454호, 1997. 12. 13.〉 (정부부처명칭등의변경에

따른건축법등의정비에관한법률)
이 법은 1998년 1월 1일부터 시행한다. 〈단서 생략〉

부칙 〈제6627호, 2002. 1. 26.〉 (민사집행법)

제1조 (시행일) 이 법은 2002년 7월 1일부터 시행한다.
제2조 내지 제5조 생략
제6조 (다른 법률의 개정) ①내지 〈52〉생략
〈53〉형사소송법중 다음과 같이 개정한다.
제477조제3항 단서 및 제493조중 "민사소송법"을 각각 "민사집행법"으로 한다.
〈54〉및 〈55〉생략
제7조 생략

부칙 〈제7078호, 2004. 1. 20.〉 (검찰청법)

제1조 (시행일) 이 법은 공포한 날부터 시행한다.
제2조 생략
제2조 (다른 법률의 개정) ①내지 ⑤생략
⑥형사소송법중 다음과 같이 개정한다.
제84조의 제목중 "검사장"을 "고등검찰청검사장 또는 지방검찰청검사장"으로 하고, 동조중 "고등검찰청 또는 지방검찰청검사장"을 "고등검찰청검사장 또는 지방검찰청검사장"으로 하며, 제261조의 제목중 "검사장"을 "지방검찰청검사장 또는 지청장 및 고등검찰청검사장"으로 하고, 제471조제2항중 "소속검찰청검사장"을 "소속 고등검찰청검사장 및 지방검찰청검사장"으로 한다.

부칙 〈제7225호, 2004. 10. 16.〉

이 법은 공포한 날부터 시행한다.

부칙 〈제7427호, 2005. 3. 31.〉 (민법)

제1조 (시행일) 이 법은 공포한 날부터 시행한다. 다만, ···〈생략〉··· 부칙 제7조(제2항 및 제29항을 제외한다)의 규정은 2008년 1월 1일부터 시행한다.

제2조 내지 제6조 생략

제7조 (다른 법률의 개정) ①내지 ㉗생략

㉘형사소송법 일부를 다음과 같이 개정한다.

제17조제2호중 "친족, 호주, 가족 또는 이러한 관계"를 "친족 또는 친족관계"로 한다.

제29조제1항 및 제30조제2항중 "직계친족, 형제자매와호주"를 각각 "직계친족과 형제자매"로 한다.

제148조제1호를 다음과 같이 한다.

1. 친족 또는 친족관계가 있었던 자

제201조의2제1항 전단 및 제214조의2제1항중 "형제자매, 호주, 가족이나"를 각각 "형제자매나"로 한다.

제341조제1항중 "형제자매, 호주"를 "형제자매"로 한다.

㉙생략

부칙 〈제7965호, 2006. 7. 19.〉

①(시행일) 이 법은 공포 후 1개월이 경과한 날부터 시행한다.

②(일반적 경과조치) 이 법은 이 법 시행당시 수사 중이거나 법원에 계속 중인 사건에도 적용한다. 다만, 이 법 시행 전에 종전의 규정에 따라 행한 행위의 효력에는 영향을 미치지 아니한다.

부칙 〈제8435호, 2007. 5. 17.〉 (가족관계의 등록 등에 관한 법률)

제1조 (시행일) 이 법은 2008년 1월 1일부터 시행한다. 〈단서 생략〉

제2조 부터 제7조까지 생략

제8조 (다른 법률의 개정) ①부터 ㉗까지 생략

㉘ 형사소송법 일부를 다음과 같이 개정한다.

제241조 및 제284조 중 "본적"을 각각 "등록기준지"로 한다.

제315조제1호 중 "호적의 등본 또는 초본"을 "가족관계기록사항에 관한 증명서"로 하고, 제476조 중 "본적지"를 "등록기준지"로 한다.

㉙부터 ㊴까지 생략

제9조 생략

부칙 〈제8496호, 2007. 6. 1.〉

제1조 (시행일) 이 법은 2008년 1월 1일부터 시행한다.

제2조 (일반적 경과조치) 이 법은 이 법 시행 당시 수사 중이거나 법원에 계속 중인 사건에도 적용한다. 다만, 이 법 시행 전에 종전의 규정에 따라 행한 행위의 효력에는 영향을 미치지 아니한다.

제3조 (구속기간에 관한 경과조치) ①제92조제2항의 개정규정은 이 법 시행 후 최초로 제기된 상소사건부터 적용한다.

②제92조제3항의 개정규정은 이 법 시행 후 최초로 공소제기 전의 체포·구인·구금이 이루어지는 사건부터 적용한다.

제4조 (과태료 등에 관한 경과조치) 제151조의 개정규정은 이 법 시행 후 소환장을 송달받은 증인이 최초로 출석하지 아니하는 분부터 적용한다.

제5조 (재정신청사건에 관한 경과조치) ①이 법의 재정신청에 관한 개정규정은 이 법 시행 후 최초로 불기소처분된 사건, 이 법 시행 전에 「검찰청법」에 따라 항고 또는 재항고를 제기할 수 있는 사건, 이 법 시행 당시 고등검찰청 또는 대검찰청에 항고 또는 재항고가 계속 중인 사건에 대하여 적용한다. 다만, 이 법 시행 전에 동일한 범죄사실에 관하여 이미 불기소처분을 받은 경우에는 그러하지 아니하다.

②이 법 시행 전에 지방검찰청검사장 또는 지청장에게 재정신청서를 제출한 사건은 종전의 규정에 따른다.

③제260조제3항의 개정규정에도 불구하고 이 법 시행 전에 대검찰청에 재항고할 수 있는 사건의 재정신청기간은 이 법 시행일부터 10일 이내, 대검찰청에 재항고가 계속 중인 사건의 경우에는 재항고기각결정을 통지받은 날부터 10일 이내로 한다.

제6조 (상고 등에 관한 경과조치) 이 법 시행 전에 상고되거나 재항고된 사건은 종전의 규정에 따른다.

제7조 (다른 법률의 개정) ①부패방지법 일부를 다음과 같이 개정한다.

제31조제1항 중 "위원회는 그 통보를 받은 날부터 10일 이내에 그 검사"를 "위원회는 그 검사"로 하고, 같은 조 제2항 중 "형사소송법 제260조제2항·제261조·제262조 및 제263조 내지 제265조의 규정"을 "「형사소송법」제260조제2항부터 제4항까지, 제261조, 제262조, 제262조의4, 제264조 및 제264조의2"로 하며, 같은 조 제3항을 삭제한다.

②공직선거법 일부를 다음과 같이 개정한다.

제273조제1항 중 "선거관리위원회는 검사로부터 공소를 제기하지 아니한다는 통지를 받은 날부터 10일 이내에 그 검사소속의"를 "선거관리위원회는 그 검사소속의"로 하고, 같은 조 제2항 중 "제260조(재정신청)제2항·제261조(지방검찰청검사장 또는 지청장 및 고등

검찰청검사장 또는 지청장의 처리)·제262조(고등법원의 재정결정)·제263조(공소제기의 의제)·제264조(대리인에 의한 신청과 1인의 신청의 효력, 취소) 및 제265조(공소의 유지와 지정변호사)"를 "제260조제2항부터 제4항까지, 제261조, 제262조, 제262조의4제2항, 제264조 및 제264조의2"로 한다.

③의문사진상규명에관한특별법 일부를 다음과 같이 개정한다.

제32조제3항 단서 중 "형사소송법 제262조제3항"을 "「형사소송법」 제262조제5항"으로 한다.

④군의문사 진상규명 등에 관한 특별법 일부를 다음과 같이 개정한다.

제32조제3항 단서 중 "제262조제3항"을 "제262조제5항"으로 한다.

부칙 〈제8730호, 2007. 12. 21.〉

제1조 (시행일) 이 법은 공포한 날부터 시행한다. 다만, 제245조의2부터 제245조의4까지 및 제279조의2부터 제279조의8까지의 개정규정은 공포 후 1개월이 경과한 날부터 시행하고, 제209조, 제243조, 제262조의4제1항, 제319조 단서, 제338조제2항 및 제417조의 개정규정과 부칙 제4조는 2008년 1월 1일부터 시행한다.

제2조 (전문수사자문위원 및 전문심리위원에 대한 적용례) 제245조의2부터 제245조의4까지 및 제279조의2부터 제279조의8까지의 개정규정은 이 법 시행 당시 수사 중이거나 법원에 계속 중인 사건에도 적용한다.

제3조 (공소시효에 관한 경과조치) 이 법 시행 전에 범한 죄에 대하여는 종전의 규정을 적용한다.

제4조 (다른 법률의 개정) ① 공직선거법 일부를 다음과 같이 개정한다.

제273조제3항 중 "제260조제2항에 규정한 그 검사소속의 지방검

찰청 또는 지청에"를 "제260조제3항에 따른 지방검찰청검사장 또는 지청장에게"로, "제262조제1항"을 "제262조제2항"으로 한다.

② 범죄인인도법 일부를 다음과 같이 개정한다.

제22조제2항 중 "제214조의2제2항 내지 제12항"을 "제214조의2 제2항부터 제14항까지"로 한다.

③ 즉결심판에관한절차법 일부를 다음과 같이 개정한다.

제9조제1항 중 "형사소송법 제289조"를 "「형사소송법」 제283조의 2"로 하고, 제10조 중 "제312조제2항"을 "제312조제3항"으로 한다.

부칙 〈제9765호, 2009. 6. 9.〉 (아동·청소년의 성보호에 관한 법률)

제1조(시행일) 이 법은 2010년 1월 1일부터 시행한다. 〈단서 생략〉

제2조 부터 제5조까지 생략

제6조(다른 법률의 개정) ① 부터 ④ 까지 생략

⑤ 형사소송법 일부를 다음과 같이 개정한다.

제165조의2제2호 중 "「청소년의 성보호에 관한 법률」 제5조부터 제10조까지"를 "「아동·청소년의 성보호에 관한 법률」 제7조부터 제12조까지"로, "청소년 또는"을 "아동·청소년 또는"으로 한다.

제7조 생략

부칙 〈제10864호, 2011. 7. 18.〉

제1조(시행일) ① 이 법은 2012년 1월 1일부터 시행한다.

② 제1항에도 불구하고 제59조의3의 개정규정은 2013년 1월 1일부터 시행한다. 다만, 다음 각 호의 사항은 2014년 1월 1일부터 시행한다.

1. 증거목록이나 그 등본, 그 밖에 검사나 피고인 또는 변호인이 법원에 제출한 서류·물건의 명칭·목록 또는 이에 해당하는 정보의

전자적 방법에 따른 열람 및 복사에 관한 사항

2. 단독판사가 심판하는 사건 및 그에 대한 상소심 사건에서 증거목록이나 그 등본, 그 밖에 검사나 피고인 또는 변호인이 법원에 제출한 서류·물건의 명칭·목록 또는 이에 해당하는 정보의 열람 및 복사에 관한 사항(전자적 방법에 따른 열람 및 복사를 포함한다)

제2조(확정 판결서등의 열람·복사에 관한 적용례) 제59조의3의 개정규정은 같은 개정규정 시행 후 최초로 판결이 확정되는 사건의 판결서등부터 적용한다.

제3조(재정신청사건에 관한 적용례 및 경과조치) ① 제260조의 개정규정은 이 법 시행 후 최초로 불기소처분된 사건, 이 법 시행 전에 「검찰청법」에 따라 항고 또는 재항고를 제기할 수 있는 사건, 이 법 시행 당시 고등검찰청 또는 대검찰청에 항고 또는 재항고가 계속 중인 사건에 대하여 적용한다. 다만, 이 법 시행 전에 동일한 범죄사실에 관하여 이미 불기소처분을 받은 경우에는 그러하지 아니하다.

② 이 법 시행 전에 지방검찰청검사장 또는 지청장에게 재정신청서를 제출한 사건은 종전의 규정에 따른다.

제4조(일반적 경과조치) 이 법은 이 법 시행 당시 수사 중이거나 법원에 계속 중인 사건에도 적용한다. 다만, 이 법 시행 전에 종전의 규정에 따라 행한 행위의 효력에는 영향을 미치지 아니한다.

부칙 〈제11002호, 2011. 8. 4.〉 (아동복지법)

제1조(시행일) 이 법은 공포 후 1년이 경과한 날부터 시행한다.

제2조 부터 제5조까지 생략

제6조(다른 법률의 개정) ①부터 ⑪까지 생략

⑫ 형사소송법 일부를 다음과 같이 개정한다.

제165조의2제1호를 다음과 같이 한다.

1. 「아동복지법」 제71조제1항제1호부터 제3호까지에 해당하는 죄의 피해자

⑬ 생략

제7조 생략

부칙 〈제11572호, 2012. 12. 18.〉 (아동·청소년의 성보호에 관한 법률)

제1조(시행일) 이 법은 공포 후 6개월이 경과한 날부터 시행한다.

제2조 부터 제9조까지 생략

제10조(다른 법률의 개정) ①부터 ⑧까지 생략

⑨ 형사소송법 일부를 다음과 같이 개정한다.

제165조의2제2호 중 "「아동·청소년의 성보호에 관한 법률」 제7조부터 제12조까지"를 "「아동·청소년의 성보호에 관한 법률」 제7조, 제8조, 제11조부터 제15조까지 및 제17조제1항"으로 한다.

부칙 〈제11731호, 2013. 4. 5.〉 (형법)

제1조(시행일) 이 법은 공포한 날부터 시행한다. 〈단서 생략〉

제2조(다른 법률의 개정) ①부터 ⑯까지 생략

⑰ 형사소송법 일부를 다음과 같이 개정한다.

제230조제2항을 삭제한다.

제3조 생략

부칙 〈제12576호, 2014. 5. 14.〉

이 법은 공포한 날부터 시행한다.

부칙 〈제12784호, 2014. 10. 15.〉

이 법은 공포한 날부터 시행한다.

부칙 〈제12899호, 2014. 12 30.〉

제1조(시행일) 이 법은 공포한 날부터 시행한다.

제2조(보상청구의 기간에 관한 적용례) 제194조의3제2항의 개정규정은 이 법 시행 후 최초로 확정된 무죄판결부터 적용한다.

부칙 〈제13454호, 2015. 7. 31.〉

제1조(시행일) 이 법은 공포한 날부터 시행한다. 다만, 제471조의2의 개정규정은 공포 후 6개월이 경과한 날부터 시행한다.

제2조(공소시효의 적용 배제에 관한 경과조치) 제253조의2의 개정규정은 이 법 시행 전에 범한 범죄로 아직 공소시효가 완성되지 아니한 범죄에 대하여도 적용한다.

부칙 〈제13720호, 2016. 1. 6.〉

제1조(시행일) 이 법은 공포한 날부터 시행한다. 다만, 제477조제6항의 개정규정은 공포 후 2년이 경과한 날부터 시행한다.

제2조(재정신청사건에 관한 적용례) 제262조제4항 전단 및 제262조의4제1항의 개정규정은 이 법 시행 후 최초로 제260조제3항에 따라 지방검찰청검사장 또는 지청장에게 재정신청서를 제출한 사건부터 적용한다.

부칙 〈제13722호, 2016. 1. 6.〉 (군사법원법)

제1조(시행일) 이 법은 공포 후 1년 6개월이 경과한 날부터 시행한다. 〈단서 생략〉

제2조 부터 제8조까지 생략

제9조(다른 법률의 개정) ①부터 ⑮까지 생략

⑯ 형사소송법 일부를 다음과 같이 개정한다.

제256조의2의 제목 중 "군검찰관"을 "군검사"로 하고, 같은 조 전단 중 "관할군사법원검찰부검찰관"을 "관할 군검찰부 군검사"로 한다.

제10조 생략

부칙 〈제14179호, 2016. 5. 29.〉

제1조(시행일) 이 법은 공포한 날부터 시행한다. 다만, 제35조제3항 및 제4항의 개정규정은 2016년 10월 1일부터 시행한다.

제2조(진술서 등의 증거능력에 관한 적용례) 제313조 및 제314조 본문의 개정규정은 이 법 시행 후 최초로 공소제기되는 사건부터 적용한다.

부칙 〈제15164호, 2017. 12. 12.〉

제1조(시행일) 이 법은 공포한 날부터 시행한다.

제2조(적용례) 제59조 및 제74조의 개정규정은 이 법 시행 후 최초로 공무원 아닌 사람이 이 법에 따라 서류를 작성하거나 법원이 피고인에게 소환장을 발부하는 경우부터 적용한다.

부칙 〈제15257호, 2017. 12. 19.〉

제1조(시행일) 이 법은 공포한 날부터 시행한다.

제2조(정식재판 청구 사건의 불이익변경의 금지에 관한 경과조치) 이 법 시행 전에 제453조에 따라 정식재판을 청구한 사건에 대해서는 제457조의2의 개정규정에도 불구하고 종전의 규정에 따른다.

부칙 〈제16850호, 2019. 12. 31.〉

제1조(시행일) 이 법은 공포한 날부터 시행한다.
제2조(즉시항고 및 준항고 제기기간에 관한 적용례) 제405조 및 제416조제3항의 개정규정은 이 법 시행 당시 종전의 규정에 따른 즉시항고 및 준항고의 제기기간이 지나지 않은 경우에도 적용한다.

부칙 〈제16924호, 2020. 2. 4.〉
제1조(시행일) 이 법은 공포 후 6개월이 경과한 날부터 1년 내에 시행하되, 그 기간 내에 대통령령으로 정하는 시점부터 시행한다. 다만, 제312조제1항의 개정규정은 공포 후 4년 내에 시행하되, 그 기간 내에 대통령령으로 정하는 시점부터 시행한다.
제1조의2(검사가 작성한 피의자신문조서의 증거능력에 관한 적용례 및 경과조치) ① 제312조제1항의 개정규정은 같은 개정규정 시행 후 공소제기된 사건부터 적용한다.
② 제312조제1항의 개정규정 시행 전에 공소제기된 사건에 관하여는 종전의 규정에 따른다.
[본조신설 2021. 12. 21.]
제2조(다른 법률의 개정) 법률 제16863호 고위공직자범죄수사처 설치 및 운영에 관한 법률 일부를 다음과 같이 개정한다.
제21조제2항 중 "「형사소송법」 제196조제1항"을 "「형사소송법」 제197조제1항"으로 한다.

부칙 〈제17572호, 2020. 12. 8.〉
제1조(시행일) 이 법은 공포 후 1년이 경과한 날부터 시행한다. 다만, 제17조제8호 및 제9호의 개정규정은 공포 후 6개월이 경과한 날부터 시행한다.
제2조(법관의 제척에 관한 적용례) 제17조제8호 및 제9호의 개정규

정은 이 법 시행 후 최초로 공소장이 제출된 사건부터 적용한다.

부칙 〈제18398호, 2021. 8. 17.〉

제1조(시행일) 이 법은 공포 후 3개월이 경과한 날부터 시행한다. 다만, 법률 제17572호 형사소송법 일부개정법률 제165조의2의 개정규정은 2021년 12월 9일부터 시행한다.

제2조(계속사건에 대한 경과조치) 이 법은 이 법 시행 당시 법원에 계속 중인 사건에 대하여도 적용한다.

부칙 〈제18598호, 2021. 12. 21.〉

이 법은 공포한 날부터 시행한다.

부칙 〈제18799호, 2022. 2. 3.〉

이 법은 공포한 날부터 시행한다.

부칙 〈제18862호, 2022. 5. 9.〉

제1조(시행일) 이 법은 공포 후 4개월이 경과한 날부터 시행한다.

제2조(이의신청에 관한 적용례) 제245조의7의 개정규정은 이 법 시행 후 해당 개정규정에 따른 이의신청을 하는 경우부터 적용한다.

부칙 〈제20265호, 2024. 2. 13.〉

제1조(시행일) 이 법은 공포한 날부터 시행한다.

제2조(공소시효가 완성한 것으로 간주하기 위한 기간의 정지에 관한 적용례) 제253조제4항의 개정규정은 이 법 시행 전에 공소가 제기된 범죄로서 이 법 시행 당시 공소시효가 완성한 것으로 간주되지 아니한 경우에도 적용한다. 이 경우 같은 개정규정에 따라 정지되는

기간에는 이 법 시행 전에 피고인이 형사처분을 면할 목적으로 국외에 있던 기간을 포함한다.

부칙 〈제20460호, 2024. 10 16.〉

제1조(시행일) 이 법은 공포 후 3개월이 경과한 날부터 시행한다.

제2조(의견 청취에 관한 적용례) 제294조의5의 개정규정은 이 법 시행 이후 피고인이 피해자의 권리 회복에 필요한 금전을 공탁한 경우부터 적용한다.

부칙 〈제20796호, 2025. 3. 18.〉

제1조(시행일) 이 법은 공포 후 6개월이 경과한 날부터 시행한다.

제2조(피해자 등의 공판기록 열람·등사에 관한 적용례) 제294조의4의 개정규정은 이 법 시행 이후 제294조의4제1항에 따라 소송기록의 열람 또는 등사를 신청하는 경우부터 적용한다.

법률 제16908호 검찰청법 일부개정법률 및 법률 제16924호 형사소송법 일부개정법률의 시행일에 관한 규정

[시행 2020. 10. 7.] [대통령령 제31091호, 2020. 10. 7., 제정]

**개정 예정 법률 밑줄 별도 표시.

법률 제16908호 검찰청법 일부개정법률 및 법률 제16924호 형사소송법 일부개정법률의 시행일에 관한 규정

[시행 2020. 10. 7.] [대통령령 제31091호, 2020. 10. 7., 제정]

제1조(검찰청법 일부개정법률의 시행일) 법률 제16908호 검찰청법 일부개정법률은 2021년 1월 1일부터 시행한다.
제2조(형사소송법 일부개정법률의 시행일) 법률 제16924호 형사소송법 일부개정법률은 2021년 1월 1일부터 시행한다. 다만, 제312조제1항의 개정규정은 2022년 1월 1일부터 시행한다.

부칙 〈제31091호, 2020. 10. 7.〉
이 영은 공포한 날부터 시행한다.

대한민국 법령 시리즈 104

형사소송법

법 령

2025년 10월 31일 인쇄 정가 21,000원
2025년 11월 11일 발행

편 저 편집부
디 자 인 송영미
발 행 인 조준형
발 행 처 해광출판사
http://www.hgbookpub.com
E-mail : munbookcokr@naver.com
주 소 부산광역시 중구 해관로 41-1 (중앙동2가)
전화번호 (051) 253-0001 팩스 (051) 245-1187
등 록 제 2012-000005호

해광출판사에서는 여러분의 소중한 원고와 함께 할 기회를 기다리고 있습니다. 책으로 엮을 원고나 아이디어가 있으신 분들은 이메일 munbookcokr@naver.com로 책에 대한 간단한 개요와 원고 전체 또는 일부를 연락처와 함께 보내주십시오.

ISBN 979-11-6881-904-7

※ 법령 출처 : 법제처 국가법령정보센터
※ 본 도서는 〈공공데이터 제공 및 이용 활성화에 관한 법률〉을 근거로 출판되었습니다.

해광출판사 대한민국 법령 시리즈

001. 선원법
002. 어선법
003. 선박직원법
004. 해사안전기본법
005. 해양환경관리법
006. 선박의 입항 및 출항등에 관한 법률
007. 학교안전사고예방 및 보상에 관한 법률
008. 종합부동산세법
009. 방위사업법
010. 행정규제기본법
011. 식품산업진흥법
012. 위험물안전관리법
013. 화재의 예방 및 안전관리에 관한 법률
014. 도시가스사업법
015. 실내공기질관리법
016. 지방세법
017. 소득세법
018. 법인세법
019. 도선법
020. 선박안전법
021. 선박법
022. 수산업법
023. 고압가스안전관리법
024. 국민연금법
025. 공동주택관리법
026. 화학물질관리법
027. 어선원 및 어선 재해보상보험법
028. 장기등 이식에 관한 법률
029. 자연재해대책법
030. 공유재산 및 물품 관리법
031. 산업입지 및 개발에 관한 법률
032. 부정경쟁방지 및 영업비밀보호에 관한 법률
033. 금융지주회사법
034. 온실가스 배출권의 할당 및 거래에 관한 법률
035. 건축사법
036. 산림문화휴양에 관한 법률
037. 전기사업법
038. 사립학교법
039. 고등교육법
040. 액화석유가스의 안전관리 및 사업법
041. 선박투자회사법
042. 수산자원관리법
043. 위험물선박운송및저장규칙
044. 선박평형수관리법
045. 주택임대차보호법
046. 상가건물임대차보호법
047. 지방공기업법
048. 승강기안전관리법
049. 수목원·정원의 조성 및 진흥에 관한 법률
050. 민법
051. 치료감호 등에 관한 법률
052. 대부업 등의 등록 및 금융이용자 보호에 관한 법률
053. 사료관리법
054. 무형문화재 보전 및 진흥에 관한 법률
055. 총포·도검·화약류 등의 안전관리에 관한 법률
056. 경찰관직무집행법
057. 시설물의 안전 및 유지관리에 관한 특별법
058. 수산생물질병 관리법
059. 소비자기본법
060. 국제선박등록법
061. 정보통신망 이용촉진 및 정보보호 등에 관한 법률
062. 해운법
063. 농수산물 품질관리법
064. 수산업협동조합법
065. 해외건설촉진법
066. 수상레저안전법
067. 공무원재해보상법
068. 수상에서의 수색·구조 등에 관한 법률
069. 어촌어항법
070. 항만법
071. 항만운송사업법
072. 해양경비법
073. 해양사고의 조사 및 심판에 관한 법률
074. 외국인근로자의 고용 등에 관한 법률
075. 중소기업기본법
076. 자유무역지역의 지정 및 운영에 관한 법률
077. 대기환경보전법
078. 소음진동관리법
079. 폐기물관리법
080. 하수도법
081. 물환경보전법
082. 토양환경보전법
083. 환경정책기본법
084. 산업재해보상보험법
085. 관세법
086. 노동조합 및 노동관계조정법
087. 근로기준법
088. 군인연금법
089. 먹는물관리법
090. 기술보증기금법
091. 관광진흥법
092. 감염병의 예방 및 관리에 관한 법률
093. 사법경찰관리의 직무를 수행할 자와 그 직무범위에 관한 법률
094. 수의사법
095. 가정폭력방지 및 피해자보호 등에 관한 법률
096. 환경영향평가법
097. 체육시설의 설치 · 이용에 관한 법률
098. 장사 등에 관한 법률
099. 상호저축은행법
100. 은행법
101. 보호관찰 등에 관한 법률
102. 형법
103. 자동차관리법
104. 형사소송법
105. 전자금융거래법
106. 마약류 불법거래 방지에 관한 특례법
107. 도로법
108. 주세법
109. 변리사법
110. 하천법
111. 중소기업진흥에 관한 법률
112. 발달장애인 권리보장 및 지원에 관한 법률
113. 주택법
114. 장애인복지법
115. 농어업경영체 육성 및 지원에 관한 법률
116. 공인중개사법
117. 건강기능식품에 관한 법률
118. 예비군법
119. 개발제한구역의 지정 및 관리에 관한 특별조치법
120. 국유재산법
121. 주차장법
122. 환경기술 및 환경산업 지원법
123. 대기관리권역의 대기환경개선에 관한 특별법
124. 악취방지법
125. 미세먼지 저감 및 관리에 관한 특별법
126. 가축분뇨의 관리 및 이용에 관한 법률
127. 물의 재이용 촉진 및 지원에 관한 법률
128. 물관리기본법
129. 물관리기술 발전 및 물산업 진흥에 관한 법률
130. 자원의 절약과 재활용촉진에 관한 법률
131. 전기 · 전자제품 및 자동차의 자원순환에 관한 법률
132. 건설폐기물의 재활용촉진에 관한 법률
133. 수도권매립지관리공사의 설립 및 운영 등에 관한 법률
134. 폐기물의 국가 간 이동 및 그 처리에 관한 법률
135. 폐기물처리시설 설치촉진 및 주변지역지원 등에 관한 법률
136. 자원순환기본법
137. 잔류성오염물질 관리법
138. 환경분쟁 조정법

해광출판사 대한민국 법령 시리즈

139. 화학물질의 등록 및 평가 등에 관한 법률
140. 환경오염시설의 통합관리에 관한 법률
141. 환경오염피해 배상책임 및 구제에 관한 법률
142. 중소기업제품 구매촉진 및 판로지원에 관한 법률
143. 환경개선비용 부담법
144. 환경분야 시험·검사 등에 관한 법률
145. 환경친화적 산업구조로의 전환촉진에 관한 법률
146. 환경친화적 자동차의 개발 및 보급 촉진에 관한 법률
147. 환경범죄 등의 단속 및 가중처벌에 관한 법률
148. 생명윤리 및 안전에 관한 법률
149. 장애인차별금지 및 권리구제 등에 관한 법률
150. 부동산투자회사법
151. 정치자금법
152. 과학기술기본법
153. 대리점거래의 공정화에 관한 법률
154. 상속세 및 증여세법
155. 학원의 설립 · 운영 및 과외교습에 관한 법률
156. 해양심층수의 개발 및 관리에 관한 법률
157. 전기용품 및 생활용품 안전관리법
158. 사회기반시설에 대한 민간투자법
159. 공직선거법
160. 정당법
161. 유류오염손해배상 보장법
162. 부정청탁 및 금품등 수수의 금지에 관한 법률
163. 항로표지법
164. 어장관리법
165. 민방위기본법
166. 공직자윤리법
167. 선거관리위원회법
168. 유선 및 도선 사업법
169. 전기공사업법
170. 사회복지사업법
171. 택지개발촉진법
172. 국가공무원법
173. 민간임대주택에 관한 특별법
174. 어음법·수표법
175. 민사집행법
176. 상법
177. 문화예술진흥법
178. 중소기업협동조합법
179. 농업협동조합법
180. 도로교통법
181. 의료사고 피해구제 및 의료분쟁 조정 등에 관한 법률
182. 산림보호법
183. 소년법
184. 동물보호법
185. 건축물관리법
186. 도시개발법
187. 화물자동차 운수사업법
188. 도시 및 주거환경정비법
189. 의료법
190. 국회법
191. 응급의료에 관한 법률
192. 출입국관리법
193. 노인복지법
194. 산림자원의 조성 및 관리에 관한 법률
195. 청소년 보호법
196. 초 · 중등교육법
197. 혁신도시 조성 및 발전에 관한 특별법
198. 경제자유구역의 지정 및 운영에 관한 특별법
199. 공공기관의 운영에 관한 법률
200. 대한민국헌법
201. 국민기초생활 보장법
202. 저작권법
203. 가사소송법
204. 국가유공자 등 예우 및 지원에 관한 법률
205. 국민체육진흥법
206. 전통주 등의 산업진흥에 관한 법률
207. 재난 및 안전관리 기본법
208. 정보통신공사업법
209. 주식회사 등의 외부감사에 관한 법률
210. 공익사업을 위한 토지 등의 취득 및 보상에 관한 법률
211. 개인정보 보호법
212. 국세기본법
213. 에너지이용 합리화법
214. 감정평가 및 감정평가사에 관한 법률
215. 국가인권위원회법
216. 가맹사업거래의 공정화에 관한 법률
217. 보건의료기본법
218. 산업안전보건법
219. 법무사법
220. 교육공무원법
221. 특허법
222. 민사소송법
223. 아동복지법
224. 전파법
225. 하도급거래 공정화에 관한 법률
226. 기초연금법
227. 사립학교교직원 연금법
228. 직업안정법
229. 장애아동 복지지원법
230. 부동산등기법
231. 자동차손해배상 보장법
232. 철도안전법
233. 항공안전법
234. 전자상거래 등에서의 소비자보호에 관한 법률
235. 독점규제 및 공정거래에 관한 법률
236. 상표법
237. 채무자 회생 및 파산에 관한 법률
238. 공무원연금법
239. 축산법
240. 근로복지기본법
241. 민원 처리에 관한 법률
242. 약사법
243. 방문판매 등에 관한 법률
244. 건축기본법
245. 지방세기본법
246. 지방세징수법
247. 지방자치법
248. 도시교통정비 촉진법
249. 공공주택 특별법
250. 국세징수법
251. 공인노무사법
252. 중대재해 처벌 등에 관한 법률
253. 외무공무원법
254. 소방시설공사업법
255. 검역법
256. 공중위생관리법
257. 할부거래에 관한 법률
258. 인터넷 멀티미디어 방송사업법
259. 전기통신사업법
260. 제품안전기본법
261. 철도사업법
262. 어린이제품 안전 특별법
263. 영유아보육법
264. 원자력안전법
265. 보험업법
266. 경비업법
267. 교통안전법
268. 세무사법
269. 관세사법
270. 공인회계사법
271. 지방공무원법
272. 고용정책 기본법
273. 국가경찰과 자치경찰의 조직 및 운영에 관한 법률
274. 협동조합 기본법
275. 재해구호법
276. 환경보건법

해광출판사 대한민국 법령 시리즈

277. 자살예방 및 생명존중문화 조성을 위한 법률
278. 소방산업의 진흥에 관한 법률
279. 소방기본법
280. 비송사건절차법
281. 자연환경보전법
282. 변호사법
283. 기업구조조정투자회사법
284. 전기통신기본법
285. 에너지법
286. 해양생태계의 보전 및 관리에 관한 법률
287. 사회보장기본법
288. 통신비밀보호법
289. 공증인법
290. 물류시설의 개발 및 운영에 관한 법률
291. 청소년활동 진흥법
292. 형의 집행 및 수용자의 처우에 관한 법률
293. 도시공원 및 녹지 등에 관한 법률
294. 태권도 진흥 및 태권도공원 조성 등에 관한 법률
295. 녹색건축물 조성 지원법
296. 우편법
297. 예금자보호법
298. 건설산업기본법
299. 금융회사의 지배구조에 관한 법률
300. 장애인활동 지원에 관한 법률
301. 언론중재 및 피해구제 등에 관한 법률
302. 국가재정법
303. 농지법
304. 게임산업진흥에 관한 법률
305. 정신건강증진 및 정신질환자 복지서비스 지원에 관한 법률
306. 디자인보호법
307. 의료기사 등에 관한 법률
308. 스마트도시 조성 및 산업진흥 등에 관한 법률
309. 내수면어업법
310. 한국주택금융공사법
311. 의료기기법
312. 유통산업발전법
313. 전통시장 및 상점가 육성을 위한 특별법
314. 여신전문금융업법
315. 해외자원개발 사업법
316. 산업교육진흥 및 산학연협력촉진에 관한 법률
317. 빈집 및 소규모주택 정비에 관한 특례법
318. 기업도시개발 특별법
319. 전력기술관리법
320. 국토기본법
321. 지하수법
322. 식품위생법
323. 광업법
324. 호스피스·완화의료 및 임종과정에 있는 환자의 연명의료결정에 관한 법률
325. 주식·사채 등의 전자등록에 관한 법률
326. 표시·광고의 공정화에 관한 법률
327. 골재채취법
328. 국민건강증진법
329. 새마을금고법
330. 여객자동차 운수사업법
331. 마리나항만의 조성 및 관리 등에 관한 법률
332. 한부모가족지원법
333. 국가를 당사자로 하는 계약에 관한 법률
334. 지방자치단체를 당사자로 하는 계약에 관한 법률
335. 축산물 위생관리법
336. 병역법
337. 음악산업진흥에 관한 법률
338. 국가균형발전 특별법
339. 첨단재생의료 및 첨단바이오의약품 안전 및 지원에 관한 법률
340. 공간정보의 구축 및 관리 등에 관한 법률
341. 공유수면 관리 및 매립에 관한 법률
342. 농수산물 유통 및 가격안정에 관한 법률
343. 아시아문화중심도시 조성에 관한 특별법
344. 신탁법
345. 자연공원법
346. 생활화학제품 및 살생물제의 안전관리에 관한 법률
347. 군인사법
348. 국제조세조정에 관한 법률
349. 낙동강수계 물관리 및 주민지원 등에 관한 법률
350. 주민등록법
351. 집합건물의 소유 및 관리에 관한 법률
352. 집단에너지사업법
353. 산림조합법
354. 반도체집적회로의 배치설계에 관한 법률
355. 자본시장과 금융투자업에 관한 법률
356. 담보부사채신탁법
357. 근로자퇴직급여 보장법
358. 국제과학비즈니스벨트 조성 및 지원에 관한 특별법
359. 수도법
360. 식품 등의 표시·광고에 관한 법률
361. 약관의 규제에 관한 법률
362. 인삼산업법
363. 종자산업법
364. 항공사업법
365. 건설기계관리법
366. 군형법
367. 궤도운송법
368. 기술의 이전 및 사업화 촉진에 관한 법률
369. 농수산물의 원산지 표시 등에 관한 법률
370. 담배사업법
371. 석유 및 석유대체연료 사업법
372. 가축전염병 예방법
373. 농어촌정비법
374. 식물신품종 보호법
375. 항공보안법
376. 중소기업창업 지원법
377. 군사법원법
378. 우주개발 진흥법
379. 해저광물자원 개발법
380. 산림복지 진흥에 관한 법률
381. 지능형 로봇 개발 및 보급 촉진법
382. 헌법재판소법
383. 옥외광고물 등의 관리와 옥외광고산업 진흥에 관한 법률
384. 혈액관리법
385. 국제항해선박 등에 대한 해적행위 피해예방에 관한 법률
386. 유료도로법
387. 독립유공자예우에 관한 법률
388. 신에너지 및 재생에너지 개발·이용·보급 촉진법
389. 신용정보의 이용 및 보호에 관한 법률
390. 출판문화산업 진흥법
391. 공항시설법
392. 국민 평생 직업능력 개발법
393. 아동·청소년의 성보호에 관한 법률
394. 방송법쉬
395. 신용보증기금법
396. 화장품법
397. 청소년 기본법
398. 인터넷주소자원에 관한 법률
399. 양곡관리법
400. 도로명주소법
401. 전자문서 및 전자거래 기본법
402. 산업기술의 유출방지 및 보호에 관한 법률
403. 국가기술자격법
404. 양식산업발전법
405. 산업기술혁신 촉진법
406. 새만금사업 추진 및 지원에 관한 특별법
407. 전자정부법
408. 지역 개발 및 지원에 관한 법률
409. 한국농어촌공사 및 농지관리기금법
410. 계량에 관한 법률
411. 기업활동 규제완화에 관한 특별조치법
412. 군에서의 형의 집행 및 군수용자의 처우에 관한 법률

해광출판사 대한민국 법령 시리즈

413. 규제자유특구 및 지역특화발전특구에 관한 규제특례법
414. 금융위원회의 설치 등에 관한 법률
415. 남녀고용평등과 일·가정 양립 지원에 관한 법률
416. 농어업인 삶의 질 향상 및 농어촌지역 개발촉진에 관한 특별법
417. 댐건설·관리 및 주변지역지원 등에 관한 법률
418. 국가유산수리 등에 관한 법률
419. 법원조직법
420. 보훈보상대상자 지원에 관한 법률
421. 부패방지 및 국민권익위원회의 설치와 운영에 관한 법률
422. 과학기술분야 정부출연연구기관 등의 설립·운영 및 육성에 관한 법률
423. 연구개발특구의 육성에 관한 특별법
424. 친환경농어업 육성 및 유기식품 등의 관리·지원에 관한 법률
425. 연안관리법
426. 영화 및 비디오물의 진흥에 관한 법률
427. 신용협동조합법
428. 방송통신발전 기본법
429. 범죄피해자 보호법
430. 가축 및 축산물 이력관리에 관한 법률
431. 국가표준기본법
432. 국가통합교통체계효율화법
433. 범죄인 인도법
434. 국가과학기술 경쟁력 강화를 위한 이공계지원 특별법
435. 국제경기대회 지원법
436. 금융혁신지원 특별법
437. 수자원의 조사·계획 및 관리에 관한 법률
438. 축산자조금의 조성 및 운용에 관한 법률
439. 소방시설 설치 및 관리에 관한 법률
440. 양성평등기본법
441. 축산계열화사업에 관한 법률
442. 수입식품안전관리 특별법
443. 대외무역법
444. 국가연구개발사업 등의 성과평가 및 성과관리에 관한 법률
445. 무역보험법
446. 기술사법
447. 광산안전법
448. 농약관리법
449. 농업·농촌 및 식품산업 기본법
450. 문화산업진흥 기본법
451. 부담금관리 기본법
452. 야생생물 보호 및 관리에 관한 법률
453. 한국은행법
454. 별정우체국법
455. 원양산업발전법
456. 콘텐츠산업 진흥법
457. 한국수출입은행법
458. 외국인투자 촉진법
459. 물류정책기본법
460. 전자서명법
461. 산업발전법
462. 산업표준화법
463. 소프트웨어 진흥법
464. 토지이용규제 기본법
465. 해수욕장의 이용 및 관리에 관한 법률
466. 정보통신 진흥 및 융합 활성화 등에 관한 특별법
467. 정보통신산업 진흥법
468. 지진·화산재해대책법
469. 소금산업진흥법
470. 위치정보의 보호 및 이용 등에 관한 법률
471. 외국법자문사법
472. 이러닝(전자학습)산업 발전 및 이러닝 활용 촉진에 관한 법률
473. 암관리법
474. 실용신안법
475. 가족관계의 등록 등에 관한 법률
476. 무인도서의 보전 및 관리에 관한 법률
477. 감사원법
478. 정보보호산업의 진흥에 관한 법률
479. 결혼중개업의 관리에 관한 법률
480. 공익신고자 보호법
481. 박물관 및 미술관 진흥법
482. 낚시 관리 및 육성법
483. 동산·채권 등의 담보에 관한 법률
484. 임금채권보장법
485. 국민투표법
486. 농림수산업자 신용보증법
487. 국가채권 관리법
488. 중소기업은행법
489. 식품안전기본법
490. 외국환거래법
491. 발명진흥법
492. 건설기술 진흥법
493. 기후위기 대응을 위한 탄소중립·녹색성장 기본법
494. 인체조직안전 및 관리 등에 관한 법률
495. 엔지니어링산업 진흥법
496. 신문 등의 진흥에 관한 법률
497. 식물방역법
498. 석탄산업법
499. 산업융합 촉진법
500. 비료관리법
501. 임업 및 산촌 진흥촉진에 관한 법률
502. 복권 및 복권기금법
503. 대규모유통업에서의 거래 공정화에 관한 법률
504. 뉴스통신 진흥에 관한 법률
505. 지능정보화 기본법
506. 자격기본법
507. 중소기업 기술혁신 촉진법
508. 국가공간정보 기본법
509. 농어업재해대책법
510. 방송광고판매대행 등에 관한 법률
511. 지식재산 기본법
512. 초고층 및 지하연계 복합건축물 재난관리에 관한 특별법
513. 해양 조사와 해양정보 활용에 관한 법률
514. 공간정보산업 진흥법
515. 공공기관의 정보공개에 관한 법률
516. 행정기본법
517. 해상교통안전법
518. 농어업재해보험법
519. 문화유산의 보존 및 활용에 관한 법률
520. 자연유산의 보존 및 활용에 관한 법률
521. 국토의 계획 및 이용에 관한 법률
522. 건축법
523. 국민건강보험법
524. 계엄법
525. 환경친화적 선박의 개발 및 보급 촉진에 관한 법률
526. 해양폐기물 및 해양오염퇴적물 관리법
527. 연안사고 예방에 관한 법률
528. 전기안전관리법
529. 의약품 등의 안전에 관한 규칙
530. 공공보건의료에 관한 법률
531. 군보건의료에 관한 법률
532. 농어촌 등 보건의료를 위한 특별조치법
533. 보호소년 등의 처우에 관한 법률
534. 국가를 당사자로 하는 소송에 관한 법률
535. 간호법
536. 국립묘지의 설치 및 운영에 관한 법률
537. 주류 면허 등에 관한 법률
538. 부가가치세법
539. 자율운항선박 개발 및 상용화 촉진에 관한 법률

*** 해광출판사의 법령 시리즈는 계속 발행 됩니다.**
**** 각 도서의 개정판은 인쇄일을 기준으로 제작 되었습니다.**